제36회 공인중개사 시험대비 **전면개정판**

정지웅 중개사법

수험생에게 드리는 합격 편지

키워드 암기노트
손편지

정지웅 편저

- 손에 들고
- 편하게
- 암기하지웅!

동영상강의 www.pmg.co.kr 박문각

🗂 용어의 정의

1. **중개**: 중개대상물에 대하여 거래당사자 간에 매매·교환·임대차 그 밖의 권리의 득실변경 행위를 **알선**하는 것을 말한다.
2. **중개업**: 다른 사람의 의뢰에 의하여 일정한 **보수**를 받고 중개를 **업**으로 행하는 것을 말한다.
3. **공인중개사**: 이 법에 의한 공인중개사 **자격을 취득한 자**를 말한다.
4. **개업공인중개사**: 이 법에 의하여 중개사무소의 개설**등록을 한 자**를 말한다.
5. **소속공인중개사**: 개업공인중개사에 소속된 **공인중개사(법인의 사원·임원으로서 공인중개사인 자 포함)**로서 중개업무를 **수행**하거나 중개업무를 **보조**하는 자를 말한다.
6. **중개보조원**: 공인중개사가 **아닌** 자로서 개업공인중개사에 소속되어 중개대상물에 대한 **현장안내 및 일반서무** 등 중개업무와 관련된 단순한 업무를 **보조**하는 자를 말한다.

🗂 중개업 관련 판례

1. 보수를 받을 것을 **약속**하거나 **요구**하는 데 그친 경우에는 '중개업'에 해당한다고 할 수 없다.
2. 개설등록을 하지 아니한 자가 부동산 거래를 중개하고 보수를 **약속·요구**하는 행위는 **처벌할 수는 없다.**
3. 우연한 기회에 단 1회 중개한 경우는 보수를 받았더라도 중개업에 해당하지 않는다.

❑ 중개대상권리

중개대상인 권리	중개대상이 아닌 권리
◦ 지상권 ○, 지역권 ○, 전세권 ○	• 점유권 ×
◦ 저당권 ○	• 질권 ×
◦ 유치권의 양도 ○	• 유치권의 성립 ×
◦ 법정지상권의 양도 ○	• 법정지상권의 성립 ×
◦ 등기된 환매권 ○	• 법정저당권의 성립 ×
	• 분묘기지권 ×

❑ 공인중개사

1. 공인중개사인 개업공인중개사
2. 소속공인중개사
3. 장롱 공인중개사

• 공인중개사 자격을 취득하고 **중개업을 영위하는 자**를 말한다. (×)

❑ 개업공인중개사

1. 법인인 개업공인중개사
2. 공인중개사인 개업공인중개사
3. 부칙상 개업공인중개사

• 중개사무소 개설등록을 한 **공인중개사를 말한다.** (×)

☑ 다른 법률의 규정에 따라 중개업을 할 수 있는 법인

1. 공인중개사법령상 **등록기준**을 적용하지 않는다.
2. 분사무소 **책임자**는 공인중개사가 아니어도 된다.
3. 업무개시 전에 **2천만원** 이상의 보증을 설정하여 등록관청에 신고해야 한다.

☑ 소속공인중개사

1. 개업공인중개사에 소속된 **공인중개사**로서 중개업무를 **보조**하는 자는 소속공인중개사이다. (○)
2. 개업공인중개사인 법인의 **사원**인 **공인중개사**로서 중개업무를 **수행**하는 자는 소속공인중개사이다. (○)
3. 개업공인중개사인 법인의 **임원**인 **공인중개사**로서 중개업무를 **보조**하는 자는 소속공인중개사이다. (○)
4. 공인중개사가 **아닌 자**로서 개업공인중개사에 소속되어 중개업무를 수행하는 자는 소속공인중개사이다. (×)

☑ 중개보조원

1. 중개보조원은 개업공인중개사에 소속된 **공인중개사로서** 개업공인중개사의 중개업무를 보조하는 자를 말한다. (×)
2. 중개보조원은 공인중개사가 아닌 자로서 개업공인중개사에 소속되어 중개업무를 **수행**하거나 보조하는 자를 말한다. (×)

🎏 법정 중개대상물 [암기법] 토건입광공

1. **건축물 그 밖의 토지의 정착물**
   ① 건축물 : 「**민법**」상 부동산인 **건축물**에 한정된다.
   ② 주벽이 없는 세차장 구조물(×)
   ③ 지붕, 기둥 및 주벽을 갖춘 미등기 건물(○) 무허가 건물(○)
   ④ 동·호수가 특정되어 장차 건축될 특정한 건물(○)
   ⑤ 아파트의 분양예정자로 선정될 수 있는 지위인 **입주권**(×)
   ⑥ 이주자택지를 공급받을 지위인 **대토권**(×)
   ⑦ 명인방법을 갖춘 수목의 집단(○)
2. 「**입목에 관한 법률**」에 의한 입목
3. 「**공장 및 광업재단 저당법**」에 의한 광업재단·공장재단

🎏 중개대상물 여부

- 군사시설 보호구역 내의 토지(○)
- 경매개시결정등기가 된 토지(○)
- 법정지상권이 성립된 토지(○)
- 유치권이 행사 중인 건물(○)
- 무주의 부동산(×)
- 채굴되지 않은 광물(×)
- 사권이 소멸된 포락지(×)
- 국유·공유재산 중 행정재산(×)

⌐┐ 정책심의위원회 심의사항 [암기법] 공부손수

1. 공인중개사의 시험 등 자격취득에 관한 사항
   - **공**을 심의한 경우 시·도지사는 이에 따라야 한다.
2. 부동산 중개업의 육성에 관한 사항
3. 손해배상책임의 보장 등에 관한 사항
4. 중개보수 변경에 관한 사항

⌐┐ 정책심의위원회 구성 등

1. 국토교통부에 **둘 수 있다**.
2. 위원장 포함하여 **7명 이상 11명 이내**의 위원으로 구성
3. **위원장**: 국토교통부 제1차관 ·국토교통부장관 (×)
4. 위원은 **국토교통부장관**이 임명하거나 위촉한다. ·위원장 (×)
5. 위원이 제척사유임에도 스스로 회피하지 않으면 **국토교통부장관**은 해당 위원을 해촉할 수 있다. ·위원장 (×)
6. 위원장이 직무를 수행할 수 없는 경우에는 **위원장이 미리 지명한 위원**이 직무를 대행한다. ·정미지 ·부위원장 (×)
7. 위원장은 회의를 소집하려면 개최 **7일 전까지** 일시, 장소 및 안건을 각 위원에게 통보해야 한다. 다만, 긴급하거나 부득이한 사유가 있는 경우 전날까지 통보할 수 있다.
8. **출석위원**의 과반수 찬성으로 심의사항을 **의결**한다.
   - 재적위원의 과반수 찬성으로 의결한다. (×)

🏳 정책심의위원회 의결사항

1. 심의위원회 위원에 대한 기피신청을 받아들일 것인지 의결
2. 국토교통부장관이 직접 시험을 시행할 것인지에 대한 의결
3. 해당 연도 시험을 시행하지 아니할 것인지에 대한 의결

🏳 응시자격

1. **자격취소** + 3년 : 공인중개사(×) 중개보조원(×)
2. **부정행위 무효처분일** + 5년 : 공인중개사(×) 중개보조원(○)
3. 시험시행기관장은 부정행위자의 명단을 지체 없이 다른 시험 시행기관장에게 통보해야 한다.

🏳 공인중개사자격증 교부

1. 시 · 도지사는 합격자에게 국토교통부령으로 정하는 바에 따라 공인중개사자격증을 교부해야 한다. •국토교통부장관 (×)
2. **국토교통부령** : 시 · 도지사는 합격자 공고일로부터 1개월 이내 에 공인중개사자격증을 교부해야 한다.
3. 공인중개사자격증의 재교부를 신청하는 자는 재교부신청서를 자격증을 교부한 시 · 도지사에게 제출해야 한다.

🏳 실무, 직무, 연수교육 실시권자 및 이수시간

1. **실무교육** : 시·도지사, 28시간~32시간
2. **연수교육** : 시·도지사, 12시간~16시간
3. **직무교육** : 시·도지사 또는 **등록관청**, 3시간~4시간

🏳 실무, 직무, 연수교육 업무위탁 ·교육은 세 가지니까 세 군데~

▶ **실무, 직무, 연수교육 업무의 위탁권자** : 시·도지사만 위탁
① 공인중개사협회
② 공기업 또는 준정부기관
③ 부동산 관련학과가 개설된 「고등교육법」에 따른 학교

🏳 실무교육 대상자

1. 등록을 신청하려는 자 – 등록신청일 전 1년 이내
2. 법인 대표자, 사원·임원 **전원** – 등록신청일 전 1년 이내
3. 분사무소의 책임자 – **설치신고일** 전 1년 이내에
4. 소속공인중개사 – **고용신고일** 전 1년 이내에
5. **실무교육 면제** : 폐업신고일 or 고용관계 종료신고일부터 1년 이내 다시 등록 or 소공으로 고용신고 하는 경우

☐ 직무교육 대상자

1. **중개보조원**: 고용신고일 전 1년 이내에
2. **직무교육 면제**: 고용관계 종료신고 후 1년 이내 다시 중개보조원으로 고용신고를 하려는 경우는 직무교육을 받지 않아도 된다.

☐ 연수교육 대상자

1. **개업공인중개사 및 소속공인중개사**: 실무교육을 받은 후 **2년**마다 시·도지사가 실시하는 연수교육을 받아야 한다.
2. **연수교육 이수 ✕**: 시·도지사가 500만원 이하 과태료 부과
3. 시·도지사는 2년이 되기 **2개월** 전까지 대상자에게 통지

☐ 부동산거래사고 예방교육 [암기법] 예방주사는 10일 간격으로 3차까지 전원 다 맞아~

1. **국토교통부장관, 시·도지사 및 등록관청**은 개업공인중개사 등의 사고 예방을 위한 교육을 실시할 수 있다.
2. 예방교육을 실시하려는 경우 교육일 **10일** 전까지 일시·장소 및 내용 등을 공고하거나 대상자에게 통지해야 한다.
3. 개업공인중개사 등이 사고 예방교육을 받는 경우에는 필요한 **비용을 지원**할 수 있다.

🗔 등록신청자 및 등록관청

1. 공인중개사(소속공인중개사 제외) 또는 법인이 아닌 자는 중개
   사무소의 개설등록을 신청할 수 없다.
2. 소속공인중개사는 중개사무소 개설등록을 신청할 수 없다.
3. 구가 설치된 시의 시장 : 등록관청(×)
4. 구가 설치되지 아니한 시의 시장 : 등록관청(○)

🗔 법인의 등록기준

1. 「상법」상 회사 또는 「협동조합 기본법」에 따른 협동조합(사회
   적 협동조합 제외)으로서 자본금이 5천만원 이상일 것
2. 공인중개사법령에 규정된 업무(중개업 + 5개 + 경공매)만을
   영위할 목적으로 설립된 법인일 것
3. 대표자는 공인중개사이어야 하며, 대표자 제외한 임원 · 사원
   의 3분의 1 이상 공인중개사일 것
4. 대표자, 임원 또는 사원의 전원 및 분사무소를 함께 두는 경우
   책임자가 실무교육을 받았을 것
5. 중개사무소 확보
   ① 건축물대장에 기재된 건물에 확보(원칙)
   ② 준공검사, 준공인가, 사용승인, 사용검사 등을 받은 건물로
      서 건축물대장에 기재되기 전의 건물에 등록을 할 수 있다.
   ③ 가설건축물대장에 기재된 건축물에 개설등록 ×
   ④ 소유 · 전세 · 임대차 또는 사용대차 등 사용권 확보

🖵 등록신청시 제출서류

1. **제출서류 ×**

   ① **법인등기사항증명서 및 건축물대장**: 공무원 확인

   ② **공인중개사자격증 사본**: 시·도지사에게 확인 요청

2. **제출서류 ○**

   ① 실무교육 수료확인증 사본. 다만, 실무교육을 수탁기관이 교육 수료 여부를 등록관청이 전자적으로 확인할 수 있도록 조치한 경우는 제출하지 않아도 된다.

   ② 여권용 사진

   ③ 중개사무소의 사용권 확보를 증명하는 서류. 다만, 건축물대장에 기재되지 않은 건물에 확보한 경우에는 건축물대장 기재가 지연되는 사유를 함께 내야 한다.

3. **외국인 / 외국에 주된 영업소 둔 법인 제출 ○**

   ① 결격사유에 해당하지 아니함을 증명하는 서류

   ② 「상법」에 따른 영업소 등기를 증명하는 서류(외국법인)

🖵 등록의 서면 통지 및 보증의 설정

1. 등록신청을 받은 등록관청은 개설등록을 하고, 신청을 받은 날부터 7일 이내에 등록신청인에게 **서면으로 통지**해야 한다.

2. 개설등록을 한 때에는 업무를 개시하기 전에 보증을 설정하고 그 증명서류를 갖추어 등록관청에 신고해야 한다.

3. 보증의 설정: 중개사무소 개설등록기준(×)

4. 등록신청서에 보증설정 증명서류 첨부(×)

⊏❑ 중개사무소등록증 교부

1. 등록관청은 개설등록을 한 자에 대하여 **국토교통부령으로** 정하는 바에 따라 중개사무소등록증을 교부해야 한다.
2. **국토교통부령** : 등록관청은 개설등록을 한 자가 **보증을 설정했는지 여부를 확인**한 후 등록증을 지체 없이 교부해야 한다.

⊏❑ 등록관청이 다음달 10일까지 협회에 통보할 사항

1. 중개사무소등록증을 교부한 때
2. 중개사무소 이전신고, 분사무소 설치신고를 받은 때
3. 고용신고, 고용관계 종료신고를 받은 때
4. 휴업신고, 폐업신고, 휴업기간의 변경신고, 휴업한 중개업의 재개신고를 받은 때
5. 등록취소 또는 업무정지 처분을 한 때

• 태어났어, 자기는 변했어, 태어났어, 애 낳았어, 집 나갔어, 놀아·죽어(폐업과 그 친구들), 죽어·놀아

⊏❑ 이중등록, 이중소속, 이중사무소, 이중계약서

1. **이중으로 중개사무소 개설등록을 한 경우** : 절등취 & 1-1
2. **둘 이상의 중개사무소 소속된 경우** : 절등취, 자격정지 & 1-1
3. **둘 이상의 중개사무소 둔 경우, 임시시설물** : 임등취 & 1-1
4. **거래계약서 거짓기재, 서로 다른 둘 이상의 계약서를 작성한 경우** : 임등취, 자격정지, 형벌 1-1(×)

▣ 무등록 중개업 관련 판례

1. 중개사무소 개설등록을 하지 않은 자가 **중개업**을 하면서 거래 당사자와 체결한 중개보수 지급약정은 **무효**이다.

2. 공인중개사 자격이 없는 자가 우연한 기회에 단 1회 타인 간의 거래행위를 중개한 경우와 같이 '중개를 **업으로 한**' 것이 **아니 라면** 중개보수 지급약정은 **유효**하다.

3. 무등록중개업자에게 중개를 의뢰한 **거래당사자**는 「공인중개 사법」 위반으로 **처벌할 수 없다.**

▣ 결격사유 : 제한능력자, 금고, 징역, 벌금

1. 미성년자, 피한정후견인, 피성년후견인
    • 피특정후견인 : 결격(×)

2. 파산선고를 받고 복권되지 아니한 자

3. 모든 법률을 위반하여 금고 또는 징역의 실형을 선고받고 그 형의 **집행이 종료**된 날부터 3년이 지나지 아니한 자

4. 모든 법률을 위반하여 금고 또는 징역의 실형을 선고받고 그 형의 **집행이 면제**된 날부터 3년이 지나지 아니한 자

5. 모든 법률을 위반하여 금고 또는 징역형의 **집행유예**를 받고 그 유예기간이 만료된 날부터 2년이 지나지 아니한 자
    • 금고 또는 징역의 선고유예기간 중인 자 : 결격(×)

6. 「공인중개사법」 위반하여 300만원 이상의 벌금형을 선고받고 3년이 지나지 아니한 자
    • 타법 위반 300만원 벌금형 또는 300만원 미만 : 결격(×)

🗅 결격사유 : 자격취소, 자격정지, 업무정지

1. 자격이 취소되고 3년이 지나지 아니한 자
2. 공인중개사 자격정지기간 중에 있는 자
3. 업무정지처분을 받고 폐업신고를 한 자로서 업무정지기간이 지나지 아니한 자
4. 법인인 개업공인중개사의 업무정지 **사유가 발생한 당시**의 사원 또는 임원이었던 자로서 업무정지기간이 지나지 아니한 자
   • 사유가 발생한 이후에 선임된 사원 · 임원 : 결격(×)

🗅 결격사유 : 등록취소

1. 거짓 부정 등록, 등록증 양도 · 대여, 이중등록, 이중소속 등을 이유로 등록이 취소되고 3년이 지나지 아니한 자 : 결격(○)
2. 등록기준 미달을 이유로 개설등록이 취소되고 3년이 지나지 아니한 자 : 결격(×)
3. 법인의 해산을 이유로 개설등록이 취소되고 3년이 지나지 아니한 대표자이었던 자 : 결격(×)

➤ 결격사유가 해소된 때 개업공인중개사 등이 될 수 있다.

절등취 :	해	결	거 양 이 지 최 오
임등취 :	미		둘금전보휴사법최2-2

➤ 등록취소 후 3년이 지나지 아니한 자 : 결격(○)

➤ 등록취소 후 3년이 지나지 아니한 자 : 결격(×)

🗂 개업공인중개사의 게시의무

1. 중개사무소등록증 **원본**, 분사무소설치신고확인서 **원본**
2. 개업공인중개사 및 소속공인중개사 공인중개사자격증 **원본**
3. 중개보수·실비 요율 및 한도액표
4. 보증설정 증명서류
5. 사업자등록증

• 실무교육 수료증(×) • 등록관청 – 개공 – 100만원 이하 과태료

🗂 중개사무소의 명칭 및 옥외광고물 성명표기

1. **법인 및 공인중개사인 개공**: 사무소의 명칭에 "공인중개사사무소" 또는 "부동산중개"라는 문자를 사용해야 한다.
2. **부칙상 개공**: 사무소의 명칭에 "공인중개사사무소"라는 문자를 사용해서는 안 된다. • '부동산중개' 사용할 수 있다.
3. **개업공인중개사가 아닌 자**: "공인중개사사무소", "부동산중개" 또는 이와 유사한 명칭을 사용하여서는 안 된다.
4. **개업공인중개사**: 옥외광고물에 개업공인중개사(법인의 경우 대표자, 분사무소의 경우 **책임자**)의 성명을 표기해야 한다.
5. **등록관청**은 위 1.~4.를 위반한 사무소의 간판 등에 대하여 철거를 명할 수 있다. 철거명령을 받은 자가 이행하지 아니하는 경우 「행정대집행법」에 의하여 대집행을 할 수 있다.

• 1, 2, 4. 100만원 이하 과태료 + 철거명령
• 3. 1년 이하의 징역 또는 1천만원 이하의 벌금 + 철거명령

⌐ 지체 없이 간판 철거 [암기법] 이폐취! •과태료 없음

1. 이전신고

2. 폐업신고
   휴업신고(×)

3. 등록취소
   업무정지(×)

⌐ 개업공인중개사의 중개대상물 표시·광고

▶ 중개사무소 및 개업공인중개사에 관한 사항

1. 중개사무소 명칭, 소재지, 연락처 및 등록번호
2. 개업공인중개사의 성명(법인인 경우에는 대표자의 성명)

[암기법] 너 성명이 뭐야? 소연이요. 몇 번이야? 100번이요.
•등록관청 - 100만원 이하 과태료(중개보조원 함께 명시한 경우 포함)

⌐ 인터넷을 이용한 표시·광고

▶ 중개사무소 및 개업공인중개사에 관한 사항

1. 중개사무소 명칭, 소재지, 연락처, 등록번호
2. 개업공인중개사의 성명(법인인 경우에는 대표자의 성명)

▶ 중개대상물에 관한 사항

3. 중개대상물의 종류, 소재지, 면적, 가격
4. 거래형태
5. 건축물: 총 층수 / 사용승인·사용검사·준공검사 받은 날 /
   방향, 방 개수, 욕실 개수, 입주가능일, 주차대수 및 관리비

[암기법] 총 사용 방 개 개 입 주 관~
•등록관청 - 100만원 이하 과태료
•구체적인 표시·광고 방법은 국토교통부장관이 정하여 고시한다.

❑ 부당한 표시 · 광고 금지 [암기법] 존존존빠다과자

1. **존재**하지 않아서 실제 거래할 수 없는 중개대상물 표시 · 광고

2. **존재**하지만 실제 중개의 대상이 될 수 없는 중개대상물 표시 · 광고

3. **존재**하지만 실제 중개할 의사가 없는 중개대상물 표시 · 광고

4. 입지조건, 생활여건, 가격 및 거래조건 등 중개대상물 선택에 중요한 영향을 미칠 수 있는 사실을 **빠뜨리**거나 은폐 · 축소하는 등의 방법으로 소비자를 속이는 표시 · 광고

5. 가격을 사실과 **다르게** 거짓으로 표시 · 광고하거나 사실을 **과장**되게 하는 표시 · 광고

• 등록관청 − 500만원 이하 과태료
• 세부적인 유형 및 기준은 **국토교통부장관**이 정하여 고시한다.

❑ 인터넷 표시 · 광고 모니터링

1. **국토교통부장관**은 인터넷을 이용한 중개대상물에 대한 표시 · 광고가 부당한 표시 · 광고 금지의 규정을 준수하는지 여부를 모니터링 할 수 있다.

2. 국토교통부장관은 모니터링을 위하여 **정보통신서비스 제공자**에게 관련 자료의 제출 요구 또는 위반이 의심되는 표시 · 광고에 대한 확인 · 추가정보의 게재 등 조치를 요구할 수 있다.

• **위반시** : 국장 − 정보통신서비스 제공자 − 500만원 이하 과태료
• **모니터링 업무위탁** : 국토교통부장관 − 공정민 인정(공공기관, 정부출연 연구기관, 민법상 비영리법인, 국장이 **인정**하는 기관 · 단체)

🗝 모니터링 업무

▶ **기본 모니터링** : 분기별로 실시

▶ **수시 모니터링** : 국토부장관이 필요하다고 판단하여 실시

1. **모니터링 기관은 계획서를 국토부장관에게 제출**
   - **기본** : 12월 31일까지
   - **수시** : 하게 될 때

2. **모니터링 기관은 업무수행 후 결과보고서 국토부장관에게 제출**
   - **기본** : 매 분기 마지막 날부터 **30일 이내**에
   - **수시** : 업무를 완료한 날부터 **15일 이내**에(수시시보일)

3. 국토교통부장관은 결과보고서를 시·도지사 및 등록관청에 통보하고 필요한 조사 및 조치를 요구할 수 있다.

4. 시·도지사 및 등록관청은 조사 및 조치를 완료한 날부터 **10일** 이내에 그 결과를 **국토교통부장관에게 통보**해야 한다.

- 모니터링 기준, 절차 등 세부적인 사항은 **국토부장관이 고시**한다.

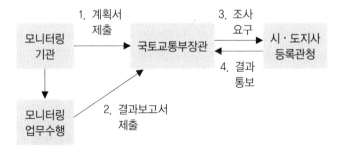

⌐ 중개사무소(분사무소)의 이전

1. **중개사무소(법인 주된 사무소)** : 이전 후의 등록관청에 신고
2. **분사무소** : 주된 사무소 관할 등록관청에 신고
3. **중개사무소 이전신고시 제출서류** : **등록증, 사무소 확보서류**
4. **분사무소 이전신고시 제출서류** : **신고확인서, 사무소 확보서류**

[암기법] 3. 등에 짐 싸, 4. 신에 짐 싸

- **내로 이전** : 등록증(신고확인서)을 재교부하거나 변경사항을 적어 교부해야 한다.
- **외로 이전** : 등록증(신고확인서)을 재교부해야 한다.

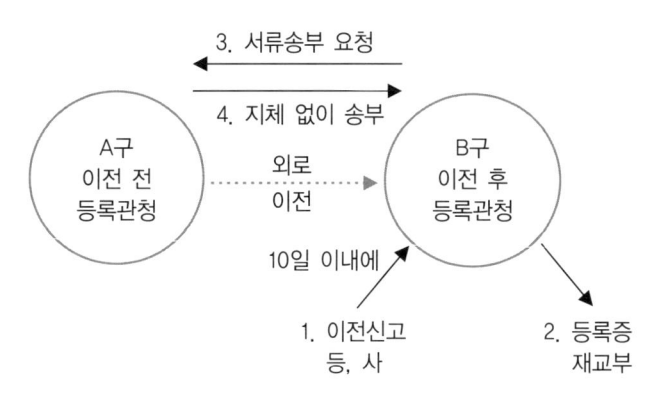

◻ 중개사무소를 관할지역 외로 이전하는 경우

1. 이전한 날부터 **10일** 이내에 이전 후의 등록관청에 신고

2. 등록관청은 중개사무소등록증을 **재교부**해야 한다.
   • 등록증을 재교부하거나 변경사항을 적어 교부해야 한다. (×)

3. 이전신고를 받은 이전 후 등록관청은 종전의 등록관청에 관련 서류의 송부를 요청해야 한다.

4. 이전 전 등록관청은 **지체 없이** 이전 후 등록관청에 송부
   ① 중개사무소 등록대장
   ② 중개사무소 **개설등록신청서류**
   ③ 최근 1년간 행정처분서류 및 절차가 진행 중인 경우 관련 서류

5. 이전신고 전에 발생된 사유로 인한 개업공인중개사에 대한 행정처분은 이전 후 등록관청이 이를 행한다.

[암기법] 지체 없이 대 개 ㅣ: 미친 대 개 ㅣ마리~

◻ 분사무소 설치기준

1. 주된 사무소가 속한 시·군·구를 **제외한** 시·군·구에

2. 시·군·구별로 1개소를 초과할 수 없다. •시·도별로(×)

3. 공인중개사를 책임자로 두어야 한다.

4. 다른 법률의 규정에 따라 중개업을 할 수 있는 법인의 분사무소 책임자는 공인중개사이어야 한다. (×)

◻ 분사무소 설치신고시 제출서류

▸ 법인등기사항증명서(×) ▸ 책임자 공인중개사자격증 사본(×)

1. 책임자의 실무교육의 수료확인증 사본
2. **보증설정 증명서류**
3. 분사무소 확보를 증명하는 서류

◻ 분사무소 설치절차

1. 설치신고서를 **주된 사무소 관할 등록관청**에 제출해야 한다.
2. 등록관청은 그 신고내용이 적합한 경우에는 **국토교통부령으로 정하는 신고확인서**를 교부해야 한다.
3. 등록관청은 분사무소설치 신고확인서를 교부한 때에는 **지체 없이** 그 분사무소 설치예정지역을 관할하는 시장·군수 또는 구청장에게 이를 **통보**해야 한다.

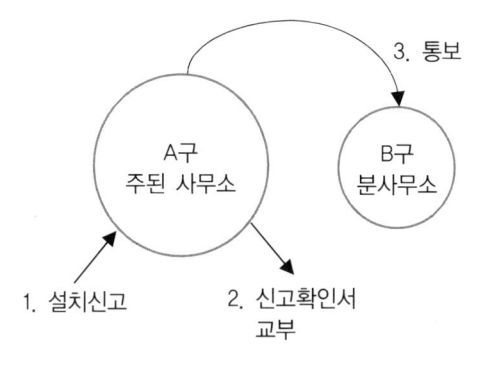

☑ 분사무소 이전절차

1. 이전한 날부터 10일 이내에 **주된 사무소 관할 등록관청에** 신고해야 한다. •이전 후의 분사무소 관할 등록관청에 신고(×)

2. 등록관청은 신고확인서를 재교부해야 한다. 다만, 관할 지역 **내로** 이전한 경우에는 변경사항을 적어 교부할 수 있다.

3. 등록관청은 분사무소의 이전신고를 받은 때에는 **지체 없이** 그 분사무소의 이전 전 및 이전 후의 소재지를 관할하는 시장·군수 또는 구청장에게 이를 **통보**해야 한다.

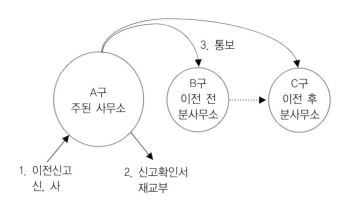

🔲 개업공인중개사의 겸업

▶ **법인** : 중개업 ＋ 5개 ＋ 경공매 ＋ 그 밖의 업무(×)
▶ **공인** : 중개업 ＋ 5개 ＋ 경공매 ＋ 그 밖의 업무
▶ **부칙** : 중개업 ＋ 5개 ＋ 경공매(×) ＋ 그 밖의 업무

🔲 법인인 개업공인중개사의 겸업 ・겸업 위반 임등취(임겸업)

1. 상업용 건축물 및 주택의 **임대관리** 등 부동산의 **관리대행**
2. 부동산의 이용・개발 및 거래에 관한 **상담**
3. 도배・이사업체의 소개 등 주거이전에 부수되는 용역의 **알선**
4. **상업용 건축물** 및 **주택의 분양대행**
5. **개업공인중개사를 대상**으로 한 중개업의 경영기법(정보)의 제공

• 임대업(×) ・개발업(×) 개발대행(×)
• 도배・이사업체 운영(×) 용역의 제공(×)
• 토지 분양대행(×), 주택용지 분양대행(×)
• 등록하지 않은 공인중개사를 대상으로 중개업의 경영기법 제공(×)

🔲 경매 및 공매 업무

1. 경매 부동산 권리분석 및 취득의 알선 / 경매 매수신청 대리
2. 공매 부동산 권리분석 및 취득의 알선 / 공매 매수신청 대리
3. **경매 － 매수신청 대리 － 대법원 규칙 － 법원에 등록**

• 법원에 등록을 하지 않더라도 경매 권리분석 및 취득의 알선, 공매 권리분석 및 취득의 알선, 공매 부동산 매수신청대리를 할 수 있다.

⬛ 고용신고 및 고용관계 종료신고

1. 소공 또는 보조원을 고용한 경우에는 교육을 받도록 한 후 업무
   개시 전까지 신고해야 한다. • 전자문서(○)

2. 고용신고를 받은 등록관청은 실무교육(소공) 또는 직무교육
   (보조원)의 수료 여부를 확인해야 한다. • 교육 수료증 제출(×)

3. 소속공인중개사 고용신고를 받은 등록관청은 자격증을 발급
   한 시·도지사에게 자격 확인을 요청해야 한다.
   • 공인중개사자격증 사본 첨부(×)

4. 고용관계 종료일부터 10일 이내에 신고해야 한다.

• **자격증 사본 첨부**(×) : 등록신청, 분사무소 설치신고, 소공 고용신고

⬛ 중개보조원의 고용인원수 및 고지의무

1. 고용할 수 있는 **중개보조원**의 수는 개업공인중개사와 소속공
   인중개사를 합한 수의 5배를 초과해서는 아니 된다.
   • **위반시** : 절대적 등록취소 & 1년 이하의 징역 또는 1천만원 이하
     의 벌금

2. **중개보조원**은 현장안내 등 중개업무를 보조하는 경우 중개의
   뢰인에게 본인이 중개보조원이라는 사실을 미리 **알려야** 한다.
   • **위반시** : **등록관청**은 개업공인중개사와 중개보조원 모두에게
     500만원 이하의 과태료 부과. 다만 개업공인중개사가 그 위반
     행위를 방지하기 위하여 상당한 주의와 감독을 게을리하지 아
     니한 경우는 개업공인중개사에게 과태료를 부과하지 않는다.

🗂 고용인의 업무상 행위에 대한 개업공인중개사의 책임

1. 소속공인중개사 또는 중개보조원의 **업무상** 행위는 그를 고용한 개업공인중개사의 행위로 **본다.** •모든(✕)

2. **민사 책임** : 고용인의 업무상 고의 또는 과실로 중개의뢰인에게 재산상 손해가 발생한 경우, 고용인은 「민법」상 불법행위자로서의 손해배상책임을 지며 개업공인중개사는 **자신의 고의 또는 과실이 없는 경우에도 손해배상책임을 지는 무과실 책임**을 진다.

3. **행정상 책임** : 소속공인중개사가 금지행위(중개보수 초과 등)를 하여 자격정지처분을 받는 경우 등록관청은 그를 고용한 개업공인중개사의 중개사무소 **개설등록을 취소할 수 있다.**

4. **행정상 책임** : 중개보조원이 업무정지사유를 위반하더라도 업무정지처분은 그를 고용한 개업공인중개사만 받는다.

5. **양벌규정** : 고용인이 위반행위로 징역형 또는 벌금형을 받는 경우, 개업공인중개사에 대해서도 해당 조에 규정된 **벌금형**을 과한다.

   • **개업공인중개사가 벌금형을 받는 이유** : 관리소홀

   • 위반행위 방지를 위해 상당한 주의와 감독을 게을리하지 아니한 경우 벌금형을 받지 않는다.

   • **양벌규정으로 300만원 이상 벌금형을 받아도 결격사유** ✕

◻ 인 장

1. **공인중개사인 개공, 부칙상 개공 및 소공**: 실명 인장으로서 7mm~30mm

2. **법인 주된 사무소**:「상업등기규칙」에 의하여 신고한 **법인의 인장**이어야 한다.

3. **분사무소**:「상업등기규칙」에 따라 **법인의 대표자가 보증하는 인장을 등록할 수 있다.** 이때 주된 사무소 관할 등록관청에 등록해야 한다.

4. **법인인 개업공인중개사**의 인장등록은「상업등기규칙」에 따른 인감증명서의 제출로 **갈음한다.**

5. **시기**: 업무개시 전에 해야 한다.
   - 중개사무소 개설등록신청과 같이 할 수 있다.
   - 소속공인중개사 고용신고와 같이 할 수 있다.

6. 인장 변경한 경우 변경일부터 **7일** 이내에 등록관청에 등록

7. 인장등록 및 인장변경등록 모두 **전자문서**로 가능하다.

- **인장등록 ✕, 변경등록 ✕, 등록하지 않은 인장 사용**: 개업공인중개사(6개월 범위에서 업무정지), 소속공인중개사(6개월 범위에서 자격정지). **인장 정지**

🗂 휴업 및 폐업

1. **3개월 초과 휴업**을 하고자 할 때, **폐업**을 하고자 할 때, 휴업기간을 변경하고자 할 때, 휴업한 중개업을 재개하고자 할 때 미리 신고해야 한다.

2. **3개월을 초과하는 휴업** 또는 **폐업**을 하고자 하는 때에는 국토교통부령으로 정하는 신고서에 **중개사무소등록증을 첨부**해야 한다.

3. 부득이한 사유가 없는 한 휴업기간은 **6개월**을 초과할 수 없다.

   • 질병으로 인한 요양, 징집으로 인한 입영, 취학, 임신·출산 그 밖의 이에 준하는 부득이한 사유로서 국토교통부장관이 정하여 고시하는 사유가 있는 경우 6개월 초과할 수 있다.

4. 재개신고를 받은 등록관청은 등록증을 **즉시** 반환해야 한다.

5. 주된 사무소와 별도로 분사무소별로 휴업·폐업·재개·변경 신고를 할 수 있다.

   • 주된 사무소 관할 등록관청에 신고
   • 분사무소 휴업 및 폐업신고서에 **분사무소설치신고확인서** 첨부

6. 관할 세무서장이 부동산중개업의 휴업 또는 폐업신고서를 받아 해당 등록관청에 송부한 경우에는 부동산중개업 휴업 또는 폐업신고서가 제출된 것으로 본다.

• **3개월 이하** : 휴업신고(×)
• 휴업기간 변경신고서에 중개사무소등록증 첨부(×)
• 부득이한 사유 없이 6개월 초과 휴업 – 임의적 등록취소
• 휴업·폐업·재개·휴업기간변경신고를 하지 않은 경우(폐업과 그 친구들) – 100만원 이하 과태료

☐ 전자문서로 제출할 수 있는 신고서

1. 고용신고서
2. 인장등록 신고서 및 등록인장 변경신고서
3. 휴업기간의 변경신고서
4. 휴업한 중개업의 재개신고서

• **전자문서(×)** : 휴업신고(등록증 첨부), 폐업신고(등록증 첨부)

☐ 중개사무소등록증 첨부하는 신고서(신청서)

1. 중개사무소 이전신고서
2. 인장등록 신고서 및 등록인장 변경신고서
3. 부동산중개업 휴업신고서
4. 부동산중개업 폐업신고서

• **분사무소 이전신고 및 휴업(폐업)신고** : 분사무소설치신고확인서

☐ 일반중개계약 [암기법] 위가수준

중개의뢰인은 개업공인중개사에게 다음 사항을 기재한 일반중개계약서의 작성을 요청할 수 있다.

1. 중개대상물의 위치 및 규모
2. 거래예정가격
3. 거래예정가격에 대하여 정한 중개보수
4. 개업공인중개사와 중개의뢰인이 **준수**해야 할 사항

• 요청이 있는 경우라도 일반중개계약서 작성의무(×)

🗅 일반중개계약서

1. **국토교통부장관**은 일반중개계약의 표준서식을 정하여 그 사용을 권장할 수 있다.
2. 국토교통부령에 국토교통부장관이 정한 일반중개계약서 **표준서식(별지 제14호 서식)이** 있다.
3. 작성하는 경우라도 표준서식을 **사용할 의무는 없다.**
4. 보존의무 ×, 정보공개의무 ×

🗅 일반중개계약 및 전속중개계약

작성의무 ×	작성의무 ○
표준서식 ○	**표준서식** ○
표준서식 사용의무 ×	표준서식 사용의무 ○
3년 보존의무 ×	3년 보존의무 ○
정보공개의무 ×	정보공개의무 ○

🗅 전속중개계약

1. 전속중개계약은 국토교통부령으로 정하는 계약서에 의하여야 한다. 전속중개계약서 **3년** 동안 보존
   • 표준 서식인 **전속중개계약셔 사용** × 보존 ×: 순수 업무정지
2. **유효기간**: 약정이 없으면 **3개월.** 약정으로 **달리 정할 수 있다.**

☐ 전속중개계약 – 정보공개 의무

1. 비공개 요청이 없는 한, 전속중개계약 체결 후 **7일** 이내에 부동산거래정보망 **또는** 일간신문에 정보를 공개해야 한다.
2. 공개한 때에는 **지체 없이** 의뢰인에게 문서로 통지해야 한다.
3. 전속중개계약 체결 후 **2주일**에 **1회** 이상 중개업무 처리상황을 문서로 통지해야 한다.

☐ 전속 정보공개 사항 = 8가지 + 공시지가

1. 종류, 소재지, 지목 및 면적, 용도ㆍ구조 등 **특정**
2. **권리관계.** 다만, 각 권리자의 **주소ㆍ성명** 인적 사항 공개 ×
3. **공법**상 이용제한 및 거래규제에 관한 사항
4. 수도ㆍ전기ㆍ가스ㆍ소방ㆍ열공급ㆍ승강기ㆍ오수ㆍ폐수ㆍ쓰레기 처리시설 등 **상태**
5. 벽면 및 도배의 **상태**
6. **환경조건**(일조량, 소음, 진동)
7. **입지조건**(도로 및 대중교통 수단과의 연계성, 시장ㆍ학교 등과의 근접성)
8. **거래예정금액**
9. **공시지가.** 다만, **임대차의 경우에는 공개하지 아니할 수 있다.**

• 특정 권리 공법 / 상태 상태 / 환경 입지 / 거래예정금액 + 공시지가

◻ 일반중개계약서 및 전속중개계약서 차이점 및 공통점

[일반중개계약서]

1. 개업공인중개사의 의무

   중개대상물 거래가 조속히 이루어지도록 성실히 노력해야 한다.

2. 중개의뢰인의 권리 · 의무

   ① 중개대상물의 거래에 관한 **중개를 다른 개업공인중개사에 게도 의뢰할 수 있다.**

   ② **중개의뢰인은 개업공인중개사가 확인 · 설명 의무를 이행하는 데 협조해야 한다.**

[전속중개계약서]

1. 개업공인중개사의 의무

   ① **2주 1회 이상** 업무처리상황 문서로 통지

   ② **7일 이내** 중개대상물의 정보 공개, 공개한 때에는 **지체 없이** 중개의뢰인에게 문서로 통지

2. 중개의뢰인의 권리 · 의무

   ① 유효기간 내에 **다른 개업공인중개사**에게 중개를 의뢰하여 거래한 경우 및 개업공인중개사가 소개한 상대방과 개업공인중개사를 배제하고 거래당사자 간에 직접 거래한 경우 : 중개보수에 해당하는 위약금 지불

   ② **스스로 발견한 상대방과** 거래한 경우 : 중개보수의 50%에 해당하는 금액의 범위에서 소요비용 지불

   ③ **중개의뢰인은 개업공인중개사가 확인 · 설명 의무를 이행하는 데 협조해야 한다.**

🔲 일반중개계약서 및 전속중개계약서 공통점

1. **유효기간**: 3개월 원칙
2. **중개보수**: 약정하여 기재한다. 실비는 별도로 지급한다.
3. 개업공인중개사의 손해배상책임
   ① 중개보수 또는 실비를 **과다수령**하면 **차액 환급**해야 한다.
   ② **확인·설명** 소홀히 하여 재산상 피해가 발생한 경우 **손해배상**해야 한다.
4. 이 계약에 정하지 않은 사항에 대해서는 개업공인중개사와 중개의뢰인이 합의하여 **별도로 정할 수 있다.**
5. **권리이전용**[매도·임대]: **소유자** 및 등기명의인, 중개대상물의 **표시, 권리관계**, 거래규제 및 **공법상** 제한, **중개의뢰금액**
6. **권리취득용**[매수·임차]: **희망물건의 종류, 취득희망가격, 희망지역**
7. 개업공인중개사와 중개의뢰인은 서명 **또는** 날인한다.
8. **일반(전속)중개계약서 첨부서류**: 중개보수 요율표

🔲 중개대상물 확인·설명 및 확인·설명서

확인·설명	확인·설명서 작성·교부
중개가 완성되기 전에 • 완성된 때(×) 후(×)	중개가 완성되어 거래계약서를 작성하는 때
권리를 취득하려는 의뢰인에게	거래당사자에게 교부

❑ 확인 · 설명 사항 = 8가지 + 취중토바 관주민

1. 종류, 소재지, 지목 및 면적, 용도 · 구조 등 기본적 사항(**특정**)

2. **권리**관계

3. **토지이용계획**, **공법**상 이용제한 및 거래규제에 관한 사항

4. 수도 · 전기 · 가스 · 소방 · 열공급 · 승강기 및 배수 등 **상태**

5. 벽면 · **바닥면** 및 도배의 **상태**

6. **환경**조건(일조량, 소음, 진동)

7. **입지**조건(도로 및 대중교통 수단과의 연계성, 시장 · 학교 등 과의 근접성)

8. **거래예정금액**

9. 권리를 **취득**함에 따라 부담해야 할 조세의 종류 및 세율

10. **중개보수** 및 실비의 금액과 그 산출내역

11. **관리비** 금액과 그 산출내역

12. 「**주택임대차보호법**」에 따른 임대인의 정보 제시 의무 및 보증 금 중 일정액의 보호

13. 「**주민등록법**」에 따른 전입세대확인서의 열람 또는 교부

14. 「**민간임대주택에 관한 특별법**」에 따른 임대보증금에 대한 보증

• 8가지 + 취중토바 관주민 : 특정 권리 공법 / 상태 상태 / 환경 입지 / 거래예정금액 + 취중토바 관주민

• 관주민 : **주택 임대차 중개의 경우에만** 설명할 의무가 있음

• 중개대상물 상태에 관한 자료요구에 매도(임대)의뢰인이 불응한 경우, 매수(임차)의뢰인에게 설명하고, 중개대상물 확인 · 설명서에 기재해야 한다.

☐ 확인 · 설명 등 − 위반시 제재

1. 성실 · 정확하게 확인 · 설명 ×, 근거자료 제시 ×
   − 개공(500만원 이하 과태료), 소공(자격정지)
2. 확인 · 설명서 교부 × 3년 보존 ×
   − **개공** : 업무정지(○), **소공** : 자격정지(×)
3. 확인 · 설명서 서명 및 날인 ×
   − **개공** : 업무정지(○), **소공** : 자격정지(○)

☐ 서명 또는 날인 / 서명 및 날인

1. **일반중개계약서, 전속중개계약서**
   − 개업공인중개사와 중개의뢰인이 **서명 또는 날인**한다.

2. **확인 · 설명서, 거래계약서**
   − 개업공인중개사(법인은 대표자, 분사무소는 **책임자**)가 **서명 및 날인**하되, 해당 중개행위를 한 소속공인중개사가 있는 경우에는 소속공인중개사가 함께 **서명 및 날인**해야 한다.

- 개업공인중개사는 전속중개계약서에 서명 및 날인해야 한다. (×)
- 소속공인중개사가 중개의뢰를 접수하여 중개업무를 수행한 경우 전속중개계약서에 개업공인중개사와 소속공인중개사는 함께 **서명 또는 날인**해야 한다. (×)
- 분사무소 소속공인중개사가 중개업무를 수행한 경우 확인 · 설명서에 법인의 **대표자**와 소속공인중개사가 함께 서명 및 날인해야 한다. (×)

◰ 주거용 건축물 확인 · 설명서

개업공인중개사 기본 확인사항(직접 확인하여 기재)			
① 대상물건 표시	토지 : 소재지, **지목(공부상, 실제 이용)**, 면적 건축물 : 전용면적, 대지지분, 준공년도, 구조 **용도(건축물 대장상 용도, 실제 용도)**, 방향 **내진설계 적용 여부, 내진능력** **건축물대장상 위반건축물 여부**		
② 권리관계	등기부 기재사항	소유권	소유권 외
②-1 임대차 확인사항	확정일자 부여현황 정보 국세 및 지방세 체납 정보 전입세대 확인서 최우선변제금 민간임대 등록 여부 계약갱신요구권 행사 여부		

③ 토지이용계획
공법상 이용
제한 및 거래
규제
	• 건폐율 상한, 용적률 상한 : **시 · 군 조례**
	• 도시 · 군계획시설, 지구단위계획구역 도시 ·
	  군관리계획 : **개업공인중개사가 확인하여 기재**
	• 공부로 확인할 수 없는 사항은 **부동산종합공**
	  부시스템을 확인하여 적는다.
	• **임대차의 경우 기재를 생략할 수 있다.**		

④ 입지조건	**도로, 대중교통, 주차장, 교육시설**		
⑤ 관리에 관한 사항	경비실, 관리주체의 유형, **관리비**		
⑥ 비선호시설	1km 이내		

⑦ 거래예정금액	• 거래예정금액 : 중개가 완성되기 전 • 개별공시지가 및 건물(주택)공시가격 : 중개가 완성되기 전 공시된 가격 기재 • **임대차의 경우** 개별공시지가 및 건물(주택)공시가격 **기재를 생략할 수 있다.**	
⑧ 취득조세 종류 및 세율	• 취득세, 농어촌특별세, 지방교육세 • 중개가 완성되기 전 「지방세법」 확인 기재 • **임대차의 경우에는 제외한다.**	
개업공인중개사 세부 확인사항(자료 요구하여 기재)		
⑨ 실제권리관계 또는 공시되지 않은 물건	• 매도(임대)의뢰인이 고지한 사항을 적는다. • 법정지상권, 유치권, 「주임법」 임대차 • 근저당권의 경우 채권최고액을 적는다.	
⑩ 내부 · 외부 시설물의 상태	• 수도, 전기, 가스(취사용), 소방(**단독경보형 감지기, 아파트 제외**), 난방방식 및 연료공급, 승강기, 배수	
⑪ 벽면 · 바닥면 및 도배 상태	벽면, 바닥면, 도배	
⑫ 환경조건	일조량, 소음, 진동	
현장안내	개공, 소공, 중개보조원(신분 고지 여부)	
중개보수 등에 관한 사항		
⑬ **중개보수 및 실비의 금액과 산출내역**: 중개보수 **지급시기** 기재, 부가가치세 **별도**		

◻ 확인 · 설명서 비교(기본 확인사항)

구 분	주거용	비주거용	토 지	입광공
① 대상물건 표시	○		○	○
	내진설계 적용 여부, 내진능력 위반건축물 여부, 위반내용			
② 권리관계 (등기부)	○	○	○	○
		민요		
②-1 임대차 확인사항	일세대 최민요	×	×	×
③ 토지이용계획 공법상 이용 제한 및 거래 규제	○	○	○	×
④ 입지조건	도대차교	도대차	도대	×
⑤ 관리에 관한 사항	○	○	×	×
	관리비○	관리비×		
⑥ 비선호시설 1km 이내	○	×	○	×
⑦ 거래예정금액	○	○	○	○
⑧ 취득조세 종류 및 세율	○	○	○	○

38

◻ 확인 · 설명서 비교 - 세부 확인사항

구 분	주거용	비주거용	토 지	입광공
⑨ 실제권리관계 또는 공시되지 않은 물건 권리	○	○	○	○
⑩ 내부 · 외부 시설물의 상태	○	○	✕	✕
⑪ 벽면 · 바닥면 및 도배 상태	○ 벽바도	벽바○ 도✕	✕	✕
⑫ 환경조건	일소진	✕	✕	✕
현장안내	○	✕	✕	✕

• **소방** : 주거용(단독경보형감지기, 아파트 제외한 주택)
　　　　 비주거용(소화전, 비상벨)

◻ 셔셔셔는 순수 업무정지, 쎈셔는 임등취

전속중개계약서 확인 · 설명서 거래계약서	사용 ✕　보존 ✕ 교부 ✕　보존 ✕ 교부 ✕　보존 ✕	서명 및 날인 ✕ 서명 및 날인 ✕

개공 : 업무정지 ○　**개공** : 업무정지 ○
소공 : 자격정지 ✕　**소공** : 자격정지 ○

거래계약서	거짓 기재 다른 둘 계약서	**개공** : 임의적 등록취소 **소공** : 자격정지

❑ 거래계약서 필수 기재사항 [암기법] 인표계인권거그자조기

1. 거래당사자의 **인적** 사항
2. 물건의 **표시**
3. **계약일**
4. 물건의 **인도일시**
5. **권리이전**의 내용
6. **거래금액·계약금액** 및 그 지급일자 등 지급에 관한 사항
7. **그** 밖의 약정내용(거래당사자 간 약정내용)
8. 중개대상물 확인·설명서 교부일자
9. 계약의 **조건**이나 **기한**이 있는 경우에는 그 조건 또는 기한

• 권리관계(×) 거래예정금액(×) 중개보수 및 실비(×) 취득 조세(×)

❑ 일반중개계약서 및 거래계약서

1. **일반중개계약서**
   ① 국토교통부장관은 일반중개계약의 표준이 되는 서식을 정하여 그 사용을 권장할 수 있다.
   ② 국토교통부령에는 국토교통부장관이 정한 **일반중개계약서의 표준서식**이 있다.

2. **거래계약서**
   ① 국토교통부장관은 개업공인중개사가 작성하는 거래계약서의 표준이 되는 서식을 정하여 그 사용을 권장할 수 있다.
   ② 국토교통부령에 **거래계약서의 표준서식은 없다.**

◻ 서식 비교

구 분	일반중개 계약서	전속중개 계약서	확인· 설명서	거래 계약서
법정서식	○	○	○	×
개공 서명·날인	또는	또는	및	및
업무 수행한 소공 서명·날인	×	×	및	및
보존기간	×	3년	3년 공인전자 문서센터	5년 공인전자 문서센터

❑ 계약금 등의 반환채무이행의 보장 – 예치명의자

1. 개업공인중개사
2. 공제사업을 하는 자
3. 「은행법」에 따른 은행
4. 「보험업법」에 따른 보험회사
5. 「자본시장과 금융투자업에 관한 법률」상 신탁업자
6. 「우체국예금·보험에 관한 법률」상 체신관서
7. 계약금·중도금 또는 잔금 및 계약 관련서류를 관리하는 업무를 수행하는 전문회사

[암기법] 예치명의자 : 개공~ 공은보신체 전문회사~
• 예치하는 곳(공금신) : 공제사업을 하는 자, 금융기관, 신탁업자
• 계약금 등(계약금, 중도금, 잔금)을 예치할 것을 권고할 수 있다.

❑ 개업공인중개사 명의로 예치하는 경우 : 개공의 의무

1. 계약이행의 완료 또는 계약해제 등의 사유로 인한 계약금 등의 인출에 대한 거래당사자의 동의방법을 약정해야 한다.
2. 반환채무이행 보장에 소요되는 실비를 약정해야 한다.
3. 거래안전을 위하여 필요한 사항을 약정해야 한다.
4. 자기 소유 예치금과 분리 / 거래당사자 동의 없이 인출 ✕
5. 예치대상이 되는 계약금 등에 해당하는 금액을 보장하는 보증보험 또는 공제에 가입하거나 공탁해야 한다.

🔲 보증의 설정

1. **업무를 개시하기 전에** 보증보험 또는 공제에 가입하거나 공탁을 해야 한다.

2. 중개사무소 개설등록을 한 때에는 **업무를 시작하기 전에** 보증을 설정한 후 그 증명서류(보증보험증서 사본, 공제증서 사본, 공탁증서 사본. **전자문서 포함**)를 첨부하여 등록관청에 신고해야 한다.

3. 다른 법률의 규정에 따라 중개업을 할 수 있는 법인은 중개업무를 개시하기 전에 보장금액 2천만원 이상의 보증을 보증기관에 설정하고 등록관청에 신고해야 한다.

🔲 보증 변경, 기간 만료 재설정, 손해배상 후 재설정

1. 보증을 다른 보증으로 변경하고자 하는 경우에는 이미 설정한 보증의 **효력이 있는 기간 중에** 다른 보증으로 설정하고 등록관청에 신고해야 한다.

2. 만료로 인하여 다시 보증을 설정하고자 하는 경우 보증기간 **만료일까지** 다시 보증을 설정하고 등록관청에 신고해야 한다.

3. 보증보험금·공제금 또는 공탁금으로 손해배상을 한 때에는 **15일 이내에** 보증보험 또는 공제에 다시 가입하거나, 공탁금 중 부족하게 된 금액을 보전해야 한다.

• 보증보험금 또는 공제금으로 손해배상을 한 경우 ⇨ 15일 이내에 보증보험 또는 공제에 다시 가입하거나 공탁을 해야 한다.

• 공탁금으로 손해배상을 한 경우 ⇨ 15일 이내에 보증보험 또는 공제에 가입하거나 공탁금 중 부족하게 된 금액을 보전해야 한다.

🗂 보증설정금액

1. **법인인 개업공인중개사** : 4억원 이상

2. **분사무소** : 분사무소마다 2억원 이상

3. **법인이 아닌 개업공인중개사** : 2억원 이상

🗂 보증에 관한 설명 및 관계증서의 교부의무

1. 개업공인중개사는 **중개가 완성된 때**에는 거래당사자에게 손해배상책임의 보장에 관한 다음의 사항을 **설명하고**, 보증관계증서 사본을 **교부하거나** 전자문서를 제공해야 한다.

   • 보장금액

   • 보장기간

   • 보증보험회사, 공제사업을 행하는 자, 공탁기관 및 그 소재지

2. **임의적 등록취소** : 손해배상책임을 보장하기 위한 조치를 이행하지 아니하고 업무를 개시한 경우 등록관청은 개설등록을 취소할 수 있다.

3. **100만원 이하 과태료** : 손해배상책임에 관한 사항을 설명하지 아니하거나 관계증서의 사본 또는 관계증서에 관한 전자문서를 교부하지 아니한 경우

[암기법] 보증의 쎈 것은 임등취, 약한 것은 100과

개업공인중개사 등의 금지행위 ·개공(임등취), 소공(자격정지)

1. 거래상의 중요사항에 관하여 거짓된 언행 그 밖의 방법으로 중개의뢰인의 판단을 그르치게 하는 행위

2. 중개대상물(토건입광공)의 매매를 업으로 한 행위

3. 등록하지 아니하고 중개업을 영위하는 자인 사실을 알면서 그를 통하여 중개를 의뢰받은 행위 / 그에게 자기의 명의를 이용하게 하는 행위

4. 사례·증여 그 밖의 어떠한 명목으로도 중개보수 또는 실비를 초과하여 금품을 받는 행위

5. 관계 법령에서 양도·알선 등이 금지된 부동산의 분양·임대와 관련 있는 증서의 매매·교환을 중개하거나 그 매매를 업으로 하는 행위

6. 중개의뢰인과 직접거래

7. 거래당사자 쌍방대리

8. 탈세 등 관계 법령을 위반할 목적으로 소유권보존등기 또는 이전등기를 하지 아니한 부동산의 매매를 중개하는 등 부동산투기를 조장하는 행위 / 관계 법령의 규정에 의하여 전매 등 권리의 변동이 제한된 부동산의 매매를 중개하는 부동산투기를 조장하는 행위

9. 거짓으로 거래가 완료된 것처럼 꾸미는 등 시세에 부당한 영향을 주거나 줄 우려가 있는 행위

10. 단체를 구성하여 특정 중개대상물에 대하여 중개를 제한하거나 단체 구성원 이외의 자와 공동중개를 제한하는 행위

[암기법] I.~4. : 판매명수 I-I / 5.~I0. 관직쌍투꾸단 3-3

🗂 개업공인중개사 등의 금지행위 : 중개보수 초과

1. **한도를 초과하는 중개보수 약정은 그 한도를 초과하는 범위 내에서 무효이다.**
   - 상가 분양대행 또는 권리금 수수를 알선하고 중개보수 초과하여 금품을 받은 행위 : 금지행위 ✕
   - 한도 초과부분을 반환한 경우에도 처벌대상이 된다.
2. **일부 중도금 납부된 분양권 매매를 중개한 경우 거래금액**
   - 총 분양대금에 프리미엄을 합산한 금액을 거래금액으로 하여 중개보수를 받은 행위 : 금지행위 ○
   - 계약금, 기 납부한 중도금에 프리미엄을 합산한 금액을 거래금액으로 하여 중개보수를 받은 행위 : 금지행위 ✕

🗂 개업공인중개사 등의 금지행위 : 직접거래, 쌍방대리

1. **중개의뢰인과 직접 매매·교환·임대차계약 체결 : 금지행위**
   - 개업공인중개사가 임대의뢰 받은 주택을 임차한 행위 : 금지행위 ○
   - 개업공인중개사가 매도의뢰인으로부터 대리권을 받은 대리인과 직접 매매계약을 체결한 행위 : 금지행위 ○
2. **다른 개업공인중개사의 중개로 매도하거나 매수하는 행위 : 금지행위 ✕**
3. **거래당사자 모두로부터 위임을 받아 매매계약을 체결한 행위 (쌍방대리) : 금지행위**
   - 임대의뢰인으로부터 위임을 받은 개업공인중개사가 임차의뢰인과 임대차계약을 체결한 행위(일방대리) : 금지행위 ✕

※ 개업공인중개사 **등의 업무를 방해**하는 **행위**

1. **안내문, 온라인 커뮤니티** 등을 이용하여 특정 개업공인중개사 등에 대한 중개의뢰를 제한하거나 제한을 유도하는 행위

2. **안내문, 온라인 커뮤니티** 등을 이용하여 시세보다 현저하게 높게 표시·광고 또는 중개하는 특정 개업공인중개사 등에게만 중개의뢰를 하도록 유도하는 행위

3. **안내문, 온라인 커뮤니티** 등을 이용하여 특정 가격 이하로 중개를 의뢰하지 아니하도록 유도하는 행위

4. 개업공인중개사 등의 정당한 표시·광고 행위를 **방해**하는 행위

5. 시세보다 현저하게 높게 표시·광고하도록 **강요**, 대가를 약속하고 시세보다 현저하게 높게 표시·광고하도록 **유도**하는 행위

- 3년 이하의 징역 또는 3천만원 이하의 벌금
- 금지행위 가운데 **꾸단 + 5개**를 신고 또는 고발한 경우 등록관청은 포상금을 지급할 수 있다.
- **포상금 지급사유** : 무거양양양아금(**꾸단 + 5개**)
- **꾸단** : 거짓으로 거래가 완료된 것처럼 **꾸미는** 행위, 단체를 구성하여 특정 중개대상물의 중개를 제한하거나 공동중개를 제한하는 행위

🔲 부동산거래질서교란행위 신고센터 설치

1. 국토교통부장관은 신고센터 업무를 **한국부동산원**에 위탁한다.

2. 한국부동산원은 운영규정을 정하여 **국토교통부장관의 승인**을 받아야 하며 이를 변경하려는 경우에도 승인을 받아야 한다.

🔲 신고센터 운영

1. 신고센터에 교란행위를 신고하려는 자는 **신고인 및 피신고인의 인적사항 등**을 서면(전자문서 포함)으로 제출해야 한다.

2. 신고센터는 제출받은 신고사항에 대해 시·도지사 및 등록관청 등에 조사 및 조치를 **요구해야 한다.**

3. 시·도지사 및 등록관청은 신속하게 조사 및 조치를 완료하고, 완료한 날부터 **10일 이내**에 결과를 **신고센터에 통보**해야 한다.

4. 신고센터는 그 결과를 신고인에게 통보해야 한다.

5. 신고센터는 **매월 10일까지** 직전 달의 신고사항 접수 및 처리 결과 등을 국토교통부장관에게 제출해야 한다.

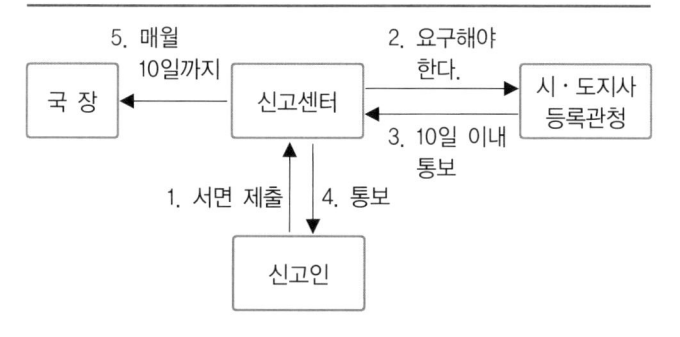

🗅 신고센터는 국장의 승인을 얻어야만 처리 종결 가능

1. 신고내용이 명백히 거짓인 경우

2. 신고자가 보완요청을 받고도 보완을 하지 않은 경우

3. 신고사항 처리결과를 통보받은 것에 대해 정당한 사유 없이 다시 신고한 경우로서 새로운 사실이나 증거자료가 없는 경우

4. 신고내용이 이미 수사기관에서 수사 중이거나 재판이 진행 중이거나 법원의 판결에 의해 확정된 경우

🗅 중개보수 지급시기 등

1. 개업공인중개사와 중개의뢰인 간의 약정에 따르되, 약정이 없을 때에는 **거래대금 지급이 완료된 날**로 한다.
   - 약정에 따라 거래계약이 체결된 날로 할 수 있다. (○)

2. 개업공인중개사의 **고의·과실 없이 거래당사자 간의 사정으로** 거래계약이 무효·취소 또는 해제된 경우에는 중개보수를 받을 수 있다.

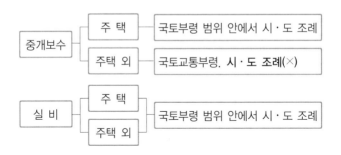

◘ 중개보수 요율

1. **주택** : 국토교통부령의 범위 안에서 **시·도 조례**로 정한다.

   • 중개의뢰인 쌍방으로부터 **각각** 받되, 그 일방으로부터 받을 수 있는 한도는 **시·도의 조례**로 정하는 요율한도 이내에서 중개의뢰인과 개업공인중개사가 서로 **협의**하여 결정한다.

2. **주택 외** : 국토교통부령으로 정한다. **시·도 조례**(×)

   ① 오피스텔(**85m² 이하**, 부엌, 화장실, 목욕시설)

   • 매매·교환 1천분의 5 이내 / 임대차 등 1천분의 4 이내

   ② 오피스텔(**85m² 초과**)

   • 매매·교환·임대차 모두 1천분의 9 이내 협의

   ③ 상가, 토지, 입목, 광업재단, 공장재단

   • 매매·교환·임대차 모두 1천분의 9 이내 협의

• 건축물 중 **주택의 면적이 2분의 1 이상**인 경우에는 **주택의 중개보수**를 적용하고, 주택의 면적이 2분의 1 미만인 경우에는 주택 외의 중개보수를 적용한다.

❏ 중개보수 적용기준 : 거래금액 × 요율[%]

1. **교환** : 거래금액이 **큰** 중개대상물 가액을 거래금액으로 한다.

2. **임대차** : 거래금액 = 보증금 + (차임×100)
    산출한 금액이 **5천만원 미만인 경우**
    거래금액 = 보증금 + (차임×70)

3. **동일**한 중개대상물에 대하여 **동일** 당사자 간에 매매를 포함한 둘 이상의 거래가 **동일** 기회에 이루어지는 경우에는 **매매계약**에 관한 거래금액만을 적용한다.

4. 중개대상물과 중개사무소의 소재지가 다른 경우에는 **사무소의 소재지를 관할하는 시·도의 조례**로 정한 기준에 따라 중개보수 및 실비를 받아야 한다.

    • 언제나 내 사무소에 걸려 있는 메뉴판대로

❏ 실 비

1. 실비의 한도 등에 관하여 필요한 사항은 **국토교통부령으로 정하는 범위 안에서 시·도 조례**로 정한다.

2. 중개보수 외에 실비를 별도로 받을 수 있다.

3. **중개대상물의 권리관계 등의 확인에 소요되는 실비** : 매도·임대 등 이전의뢰인에게 청구할 수 있다.

4. **계약금 등의 반환채무이행 보장에 소요되는 실비** : 매수·임차 등 취득의뢰인에게 청구할 수 있다.

📖 거래정보사업자 지정요건

1. 「전기통신사업법」에 따른 **부가통신사업자**로 신고한 자

2. 정보망에 가입한 개업공인중개사 수가 **500명 이상**이고 **2개 이상의 시 · 도**에서 각각 **30명 이상**이어야 한다.

3. 정보처리기사 **1명 이상**을 확보할 것

4. **공인중개사 1명 이상을 확보할 것**

5. **국토교통부장관**이 정하는 용량 및 성능을 갖춘 컴퓨터설비 확보

[암기법] 오이 30개 아삭아삭 ~ 기사오빠와 중개사언니 1명씩

📖 거래정보사업자 지정신청시 제출서류

1. 부가통신사업신고서를 제출하였음을 확인할 수 있는 서류

2. 500명 이상 개업공인중개사로부터 받은 정보망 가입 · 이용신청서 및 **중개사무소등록증 사본**

3. 정보처리기사 자격증 사본

4. **공인중개사자격증 사본**

5. 주된 컴퓨터의 용량 및 성능 등을 확인할 수 있는 서류

· 공인중개사자격증 사본 첨부(×), 자격증 발급 시 · 도를 기재
  ① 중개사무소 개설등록신청서
  ② 분사무소 설치신고서
  ③ 소속공인중개사 고용신고서

🔲 거래정보사업자 지정절차

1. 국토교통부장관은 지정신청을 받은 날부터 **30일 이내**에 지정서를 교부해야 한다.

2. **지정받은 날부터 3개월 이내**에 운영규정을 정하여 국토교통부장관의 승인을 얻어야 한다. 운영규정 **변경**도 승인 얻어야 한다.

3. 지정받은 날부터 1년 이내에 정보망을 설치 · 운영하지 아니한 경우 국토교통부장관은 지정을 **취소할 수 있다.**

🔲 거래정보사업자의 의무 : 지정취소 & 1-1

1. 개업공인중개사로부터 공개를 **의뢰받은** 중개대상물의 정보에 한정하여 정보망에 공개해야 한다.

2. 개업공인중개사로부터 **의뢰받은** 내용과 다르게 정보를 공개해서는 아니 된다.

3. 개업공인중개사에 따라 정보가 **차별적으로** 공개되도록 하여서는 아니 된다.

🔲 개업공인중개사의 의무 : 순수 업무정지

1. 정보망에 중개대상물의 정보를 거짓으로 공개해서는 안 된다.

2. 중개대상물의 거래가 완성된 때에는 **지체 없이** 이를 해당 거래정보사업자에게 통보하여야 한다.

3. **국토교통부령의 업무정지 기준** : 1.(6개월), 2.(3개월)

• 1, 2. : 중개사무소 개설등록을 취소할 수 있다. (×)

☐ 거래정보사업자 지정취소 할 수 있다. 해야 한다. [×]

1. **거짓** 그 밖의 부정한 방법으로 지정을 받은 경우

2. **운영규정** 승인을 받지 않은 경우 / **운영규정** 변경승인을 받지 않은 경우 / **운영규정**을 위반한 경우 •500만 이하 과태료

3. 개업공인중개사로부터 **의뢰**받지 않은 정보를 공개한 경우 / **의뢰**받은 내용과 다르게 공개한 경우 / 개업공인중개사에 따라 정보를 **차별적**으로 공개한 경우 •1-1

4. 개인 거래정보사업자의 사망 / 법인 거래정보사업자 **해산**

5. 정당한 사유 없이 지정받은 날로부터 1년 이내에 부동산거래 정보망을 설치·운영하지 아니한 경우

[암기법] 거운의차해

• 국토교통부장관은 사망/해산을 제외한 사유로 지정을 취소하고자 하는 경우에는 청문을 실시해야 한다.

☐ 공인중개사협회 설립절차

1. 협회는 회원 **300명** 이상이 발기인이 되어 **정관**을 작성하여 창립총회의 의결을 거친 후 국토교통부장관의 **인가**를 받아 그 주된 사무소의 소재지에서 설립등기를 함으로써 성립한다.

2. **창립총회**는 회원 **600명** 이상 회원이 출석해야 하며, 서울특별 시에서는 **100명** 이상, 광역시·도 및 특별자치도에서는 각각 **20명** 이상이어야 한다.

• 협회는 법인으로 한다.

• 「공인중개사법」에 정해진 것 외에는 「**민법**」 중 **사단법인**에 관한 규정을 적용한다.

◻ 협회의 구성

1. 정관이 정하는 바에 따라 **시 · 도에 지부**를, **시 · 군 · 구에 지회**를 **둘 수 있다.** ·두어야 한다. (×)

2. 지부를 **설치한 때에는** 시 · 도지사에게 신고해야 하며, 지회를 설치한 때에는 등록관청에 **신고해야** 한다.

3. 협회는 총회의 의결내용을 **지체 없이** 국토교통부장관에게 **보고**해야 한다.

◻ 협회에 대한 지도 · 감독

1. **국토교통부장관은 협회와 그 지부 및 지회를** 지도 · 감독하기 위하여 필요한 때에는 그 업무에 관한 사항을 보고하게 하거나 자료의 제출 그 밖에 필요한 **명령**을 할 수 있다.

2. **국토교통부장관은 협회와 그 지부 및 지회의** 사무소에 공무원을 출입하게 하여 장부 · 서류 등을 조사 또는 검사할 수 있다.

· 협회에 대한 **500만원 이하의 과태료** : 운명징검개

· 보고, 자료의 제출, 조사 또는 검사를 거부 · 방해 또는 기피하거나 그 밖의 명령을 이행하지 아니하거나 거짓으로 보고 또는 자료제출을 한 경우 : 국토교통부장관이 500만원 이하의 과태료 부과

⬑ 공제사업 및 공제규정

1. 공제사업을 하고자 하는 때에는 **공제규정**을 제정하여 국토교통부장관의 **승인**을 얻어야 하며, 공제규정을 변경하고자 할 때에도 승인을 얻어야 한다.

2. **책임준비금**: **공제료 수입액**의 100분의 10 이상으로 적립

3. 책임준비금을 다른 용도로 사용하고자 하는 경우에는 국토교통부장관의 **승인**을 얻어야 한다.

4. 공제사업 운용실적을 매회계년도 종료 후 **3개월** 이내에 일간 신문 또는 협회보에 **공시**하고 홈페이지에 게시해야 한다.
   • 500과

[암기법] 공시법 3시간

⬑ 공제사업의 운영

1. **금융감독원의 원장**은 국토교통부장관의 요청이 있는 경우에는 공제사업에 관하여 조사 또는 **검사**를 할 수 있다. • 500과

2. **국토교통부장관**은 공제사업 **개선명령**을 할 수 있다. • 500과

3. 재무건전성 기준이 되는 지급여력비율은 **100분의 100 이상**을 유지해야 한다.

4. **국토교통부장관**은 재무건전성 **기준**에 관하여 필요한 세부기준을 정할 수 있다.

[암기법] 원장님의 숙제검사, 국장의 개선명령

⬐ 징계·해임 요구 [암기법] 개 공 건전 : 징계 해임 요구

※ **국토교통부장관은** 협회의 임원이 다음 어느 하나에 해당하는 경우 **징계·해임을** 요구하거나 해당 위반행위를 시정하도록 명할 수 있다. •500과

1. 국토교통부장관의 개선명령을 이행하지 아니한 경우

2. 공제규정을 위반하여 업무를 처리한 경우

3. 재무건전성 기준을 지키지 아니한 경우

⬐ 공제사업 운영위원회

1. 운영위원회를 **협회에 둔다.** •운영이는 협회 다닌다.

2. **위원의 수는 19명 이내로** 한다. •운영이는 19짤

3. 위원 중 '협회의 회장 및 협회 이사회가 협회 임원 중에서 선임하는 사람'은 전체 위원 수의 **3분의 1 미만으로** 한다.

4. 임기가 제한된 위원의 임기는 2년으로 하며, **1회에 한하여 연임**할 수 있다. •운영이는 한 번만 더 할래

5. 운영위원회에는 위원장과 부위원장 각각 1명을 두되, **위원장 및 부위원장은 위원 중에서 각각 호선(互選)한다.**

   •위원장 및 부위원장은 날 새고 투표

6. **부위원장은** 위원장이 부득이한 사유로 그 직무를 수행할 수 없을 때에는 그 **직무를 대행**한다.

7. **출석위원** 과반수의 찬성으로 심의사항을 **의결**한다.

8. **간사는** 회의 때마다 회의록을 작성하여 다음 회의에 보고하고 이를 보관하여야 한다. •회의록은 간보면서 작성

🔲 정책심의위원회 VS 운영위원회

공인중개사 정책심의위원회	
설 치	국토교통부에 둘 수 있다.
위원 수	위원장 포함 7명 이상 11명 이내
위원장	국토교통부 제1차관
위 원	국토교통부장관이 임명·위촉
임 기	2년(공무원은 제외), 연임규정 없음(연임 가능)
직무대행	위원장이 미리 지명한 위원

공제사업 운영위원회	
설 치	협회에 둔다.
위원 수	위원장 포함 19명 이내
위원장	위원 중에서 각각 호선
부위원장	
임 기	2년(공무원 및 협회회장 제외) 1회에 한하여 연임할 수 있다.
직무대행	부위원장

🗅 업무위탁 – 실무교육, 직무교육, 연수교육

1. 실무교육 및 연수교육 실시권자는 **시 · 도지사**이며, 직무교육 실시권자는 **시 · 도지사 또는 등록관청**이다.

2. 실무교육, 연수교육 및 직무교육 업무의 **위탁은 시 · 도지사만** 한다.

3. 위탁기관
   ① 공인중개사협회
   ② 공기업 또는 준정부기관
   ③ 부동산 관련학과가 개설된 「고등교육법」에 따른 학교

4. 교육 업무를 위탁받으려는 기관은 면적이 **50m² 이상**인 강의실을 1개소 이상 확보해야 한다.

[암기법] 교육은 세 가지니까 세 군데~

🗅 업무위탁 – 공인중개사 시험시행

※ 시험시행기관장은 시험 업무를 다음 기관에 위탁할 수 있다.
   ① 공인중개사**협회**
   ② 공기업 또는 준정부기관

[암기법] 시험은 마음이 두근거리니까 두 군데~

🔲 포상금 지급사유 [암기법] 무거양양양양 야금~

1. 등록을 하지 아니하고 중개업을 한 자(**무**등록중개업자) •3-3
2. **거**짓 부정한 방법으로 중개사무소의 개설등록을 한 자 •3-3
3. 등록증 / 자격증 **양**도 · 대여한 자, 양수 · 대여받은 자 •1-1
4. 개공이 **아**닌 자로서 중개대상물 표시 · 광고를 한 자 •1-1
5. **금**지행위 가운데(꾸단 + 5개) •3-3

   ① 거짓으로 거래가 완료된 것처럼 **꾸**미는 등 시세에 부당한 영향을 주거나 줄 우려가 있는 행위를 한 자

   ② **단**체를 구성하여 특정 중개대상물에 대하여 중개를 제한하거나 단체 구성원 이외의 자와 공동중개를 제한하는 행위를 한 자

   ③ **안내문, 온라인** 커뮤니티 등을 이용하여 특정 개업공인중개사에 대한 중개의뢰를 제한하거나 제한을 유도하는 행위를 한 자

   ④ **안내문, 온라인** 커뮤니티 등을 이용하여 시세보다 현저하게 높게 표시 · 광고 또는 중개하는 특정 개업공인중개사 등에게만 중개의뢰를 하도록 유도하는 행위를 한 자

   ⑤ **안내문, 온라인** 커뮤니티 등을 이용하여 특정 가격 이하로 중개를 의뢰하지 아니하도록 유도하는 행위를 한 자

   ⑥ 개업공인중개사의 정당한 표시 · 광고 행위를 **방해**한 자

   ⑦ 시세보다 현저하게 높게 표시 · 광고하도록 **강요**한 자 / 시세보다 현저하게 높게 표시 · 광고하도록 **유도**한 자

• **판매명수 / 관직쌍투** : 포상금 지급사유 아님

🗂 포상금

1. **포상금 지급**: **등록관청**은 포상금을 지급할 수 있다.

2. **신고 또는 고발**: 등록관청, 수사기관이나 부동산거래질서교란행위 신고센터에 신고 또는 고발한 자에게 지급한다.

3. 포상금은 1건당 50만원**으로** 한다.

4. **일부를 국고**에서 보조할 수 있으며 그 비율은 100분의 50 **이내**로 한다.

• 전부(×) • 협회에서 보조(×) • 시·도에서 보조(×)

🗂 포상금 지급요건

1. 해당 신고 또는 고발사건에 대하여 검사가 **공소제기** 또는 **기소유예**의 결정을 한 경우에 **한하여** 지급한다.

2. **검사가 무혐의처분을 한 경우**: 지급(×)

3. **공소제기 후 무죄판결을 받은 경우**: 지급(○)

🗂 포상금 지급절차

1. 포상금지급신청서를 **등록관청**에 제출해야 한다.

2. 등록관청은 수사기관의 처분내용을 조회한 후 포상금의 지급을 결정하고, 그 **결정일부터 1개월 이내**에 포상금을 지급해야 한다.

• 포상금 지급결정은 등록관청이 한다.
• 포상금 지급신청서를 **접수한 날부터** 1개월 이내에 지급(×)

🗝 지방자치단체 조례로 수수료 납부

1. **시·도지사**가 시행하는 공인중개사자격시험에 응시하는 자

2. 중개사무소의 개설등록을 신청하는 자

3. 분사무소설치의 신고를 하는 자

4. 공인중개사자격증, 중개사무소등록증, 분사무소설치신고확인
   서의 **재교부**를 신청하는 자

· **국토교통부장관이 시험을 시행하는 경우**: 국토교통부장관이 결정·
  공고하는 수수료 납부. 조례(×)

🗝 **자격취소** [암기법] 부양지역형금

① **부정한 방법**으로 공인중개사 자격을 취득한 자

② 다른 사람에게 자기의 **성명**을 사용하여 업무를 하게 한 자, 자
   격증을 **양도**한 자, 자격증을 대여한 자 1-1

③ 자격정지기간 중에 중개업무를 한 자, 자격정지기간 중에 다
   른 개공의 소공·보조원·법인의 사원·임원이 된 자

④ **「공인중개사법」** 위반하여 징역형 선고받은 자(집행유예 포함)

⑤ **공인중개사 직무 관련 「형법」** 위반(범죄단체 조직, 사문서 위조
   ·변조·행사, 사기, 횡령, 배임) **금고** 또는 **징역형** 선고(집행
   유예 포함)받은 자

· 공인중개사법 위반 300만원 이상 벌금형 선고: 자격취소(×) 절대
  적 등록취소(○)

· 공인중개사 직무와 관련 없이 형법상 사기죄로 징역형 선고: 자격
  취소(×) 절대적 등록취소(○)

❏ **자격정지** [암기법] 금이둘 서서 확인 인

① **금지행위**를 한 경우(판매명수1-1/관직쌍투꾸단3-3)

② 둘 **이상**의 **중**개사무소에 **소속**된 경우 1-1

③ 거래계약서에 거래금액 등 거래내용을 **거짓**으로 **기재**한 경우
/ 서로 다른 둘 이상의 거래**계약서**를 작성한 경우

④ 확인 · 설명서 서명 및 날인 ×

⑤ 거래계약서 서명 및 날인 ×

⑥ 성실 · 정확하게 **확인** · 설명하지 않거나, 근거자료 제시 ×

⑦ **인장등록** 하지 않은 경우 / 등록하지 않은 인장 사용한 경우

• **시 · 도지사**는 소속공인중개사를 대상으로 6개월의 범위에서 자격을
정지할 수 있다.

• **자격정지 기준(국토교통부령)** : 금이둘(6개월) 서서확인인(3개월)

• 전속중개계약서	사용 ×	보존 ×			
• 확인 · 설명서	교부 ×	보존 ×	업무정지 ○	서명 및 날인 ×	업무정지 ○
• 거래계약서	교부 ×	보존 ×	자격정지 ×	서명 및 날인 ×	자격정지 ○

🖵 절대적 등록취소 [암기법] 해결거양이지최오

① 개인 개업공인중개사 사망, 법인인 개업공인중개사 **해산**

② **결격**사유에 해당하게 된 경우

> ▶ 피한정후견인 또는 피성년후견인이 된 경우
> ▶ 파산선고를 받은 경우
> ▶ **모든 법률** 위반 금고 또는 징역형의 실형을 선고받은 경우
> ▶ **모든 법률** 위반 금고 또는 징역 집행유예를 선고받은 경우
> ▶ 「**공인중개사법**」 위반 300만원 이상 벌금형 선고받은 경우
> ▶ 공인중개사 자격이 취소된 경우
> ▶ 법인 사원·임원이 결격사유에 해당하고 그 사유를 2개월 이내에 해소하지 않은 경우

③ **거짓** 그 밖의 부정한 방법으로 개설등록을 한 자 3-3

④ 다른 사람에게 자신의 **성명**을 사용하여 업무를 하게 한 자 / **상호**를 사용하여 업무를 하게 한 자, 등록증을 **양도**한 자, 등록증을 대여한 자 1-1

⑤ **이중**으로 중개사무소 개설**등록**을 한 자 1-1
다른 개업공인중개사의 소공, 보조원, 사원, 임원이 된 자 1-1

⑥ 업무정**지**기간 중에 중개업무를 한 자
자격정**지**기간 중인 소공으로 하여금 중개업무를 하게 한 자

⑦ **최근** 1년 이내 2회 이상 업무정지 + 업무정지 위반한 경우

⑧ 개공 및 소공을 합한 수의 5(**오**)배를 초과하여 중개보조원 고용한 경우 1-1

• 등록을 취소해야 한다. (○) 업무정지처분을 할 수 있다. (×)

🔲 임의적 등록취소 [암기법] 미둘금전보휴 사법최2-2

① 등록기준에 **미달**된 경우 우리 임(님)은 살짝 모지라

② 거래계약서에 거래금액 등 거래내용을 **거짓**으로 **기재**하거나, 서로 다른 둘 이상의 거래**계약서**를 작성한 자 쎈셔는 임등취

③ **금지행위**를 한 자(판매명수1-1/관직쌍투꾸단3-3)
금지행위는 임금

④ **전속중개계약** 체결 후 중개대상물 정보를 공개하지 않은 경우 **전속중개계약** 체결 후 비공개요청이 있었음에도 정보를 공개한 경우 김치전 / 빠전 우리 님이랑 전 부쳐 먹자

⑤ 손해배상책임을 보장하기 위한 조치(보증)를 이행하지 아니하고 업무를 개시한 자 휴업과 보증은 쎈 것은 임등취

⑥ 부득이한 사유 없이 계속하여 **6개월**을 초과하여 **휴업**한 자

⑦ 둘 이상의 중개**사무소**를 둔 자·**임**시 중개시설물 · 1-1

⑧ **법인**인 개공이 겸업제한을 위반하여 업무를 한 경우 임겸업

⑨ **최근 1년** 이내에 **3회** 이상 업무정지 또는 과태료 처분을 받고 다시 업무정지 또는 과태료 처분에 해당하는 행위를 한 경우 (절대적 등록취소의 경우 제외) 3방

⑩ 개업공인중개사가 조직한 사업자단체 또는 그 구성원인 개업공인중개사가 「독점규제 및 공정거래에 관한 법률」을 위반하여 시정조치 또는 과징금을 최근 **2년** 이내에 **2회** 이상 받은 경우 이년 이내 이회 이상 임등취

• 등록을 취소해야 한다. (×)

• 등록을 취소할 수 있다. (○)

• 업무정지처분을 할 수 있다. (○)

🔲 **업무정지** [암기법] 임최결정 셔셔셔 명령 인시

① **임의적** 등록취소사유를 위반한 경우 ・기준 6개월

② **최근** 1년 이내 2회 업무정지 또는 과태료 + 과태료 위반 ・6개월

③ **결격**사유에 해당하는 소공 또는 중개보조원을 두었으나 그 사유를 2개월 이내에 해소하지 않은 경우 ・6개월

④ 정보망에 중개대상물의 **정보**를 거짓으로 공개한 경우 ・6개월 / 중개가 완성된 사실을 **지**체 없이 거래정보사업자에게 통보하지 않은 경우 ・3개월

⑤ 전속중개계약서 사용 ×, 보존 × ・3개월

⑥ 확인・설명서 교부 ×, 보존 ×, 서명 및 날인 × ・3개월

⑦ 거래계약서 작성・교부 ×, 보존 ×, 서명 및 날인 × ・3개월

⑧ **보고**, 자료의 **제출**, 조사 또는 검사를 **거부・방해・기피**하거나 그 밖의 **명령**을 이행하지 아니하거나 **거짓**으로 **보고** 또는 자료 **제출**을 한 경우 ・3개월

⑨ **인장등록** 하지 않거나, 등록하지 않은 인장 사용한 경우 ・3개월

⑩ 「독점규제 및 공정거래에 관한 법률」을 위반하여 공정거래위원회로부터 **시정조치** 또는 과징금을 받은 경우(2년 이내 1회)

・등록관청은 개업공인중개사를 대상으로 6개월의 범위에서 업무를 정지할 수 있다.

・②~⑩ : 순수 업무정지. 등록을 취소할 수 있다. (×)
　　　　　업무정지처분만 할 수 있다. (○)

🗂 자격증 교부 시·도지사와 사무소 관할 시·도지사가 서로 다른 경우

1. 자격증을 교부한 시·도지사가 자격취소 또는 자격정지처분을 행한다. (○)

2. 사무소 관할하는 시·도지사가 자격취소처분에 **필요한 절차**를 이행한다. (○)

3. 자격증을 교부한 시·도지사가 자격취소처분에 **필요한 절차**를 이행해야 한다. (×)

4. 교부한 시·도지사가 자격취소처분에 필요한 절차를 모두 이행한 후 사무소 관할 시·도지사에게 통보해야 한다. (×)

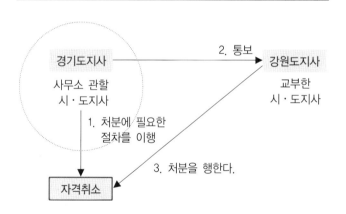

🗅 자격취소 절차

1. 시·도지사는 자격을 **취소**하고자 하는 경우에는 **청문**을 실시해야 한다.　　•자격정지(×)

2. 시·도지사는 자격**취소**처분을 한 때에는 **5일** 이내에 이를 국토교통부장관과 다른 시·도지사에게 **통보**해야 한다.

   • 시·도지사는 자격**정지**처분을 한 때에는 5일 이내에 이를 국토교통부장관에게 통보해야 한다. (×)

   • 시·도지사는 자격**취소**처분을 한 사실을 다른 시·도지사에게 통보해야 한다. (○)

   • 시·도지사는 자격**정지**처분을 한 사실을 국토교통부장관에게 통보할 의무가 없다. (○)

3. 자격**취소**처분을 받은 날부터 **7일** 이내에 **교부한** 시·도지사에게 자격증을 반납해야 한다.

   • 자격정지(×)

   • 5일 통보 7일 반납

   • 사무소 관할 시·도지사에게 반납(×)

4. 분실로 반납할 수 없는 자는 사유서를 시·도지사에게 제출

🗅 자격정지 절차

1. **등록관청**은 공인중개사가 **자격정지**사유에 해당하는 사실을 알게 된 때에는 지체 없이 그 사실을 시·도지사에게 통보해야 한다.

2. 자격정지기준(국토부령) : 금이둘(6개월) 서서확인인(3개월)

3. 자격정지기간의 **2분의 1**의 범위 안에서 가중 또는 경감할 수 있다. 가중하는 때에도 그 기간은 6개월을 초과할 수 **없다**.

⬐ 등록취소 절차

1. 등록관청은 법인의 **해산을 제외**한 사유로 중개사무소 개설등록을 **취소**하려는 경우에는 **청문**을 실시해야 한다.

2. 등록취소 후 **7일** 이내에 등록관청에 등록증을 **반납**해야 한다.

3. 법인인 개공의 해산을 이유로 등록이 취소된 경우 대표자이었던 자가 등록취소 후 **7일** 이내에 등록증을 반납해야 한다.

• **업무정지** : 청문(×) 반납(×) 간판 철거(×)

⬐ 업무정지 절차

1. 법인인 개업공인중개사에 대하여는 법인 또는 **분사무소별로** 업무의 정지를 명할 수 있다.

2. 업무정지, 자격정지 기준은 **국토교통부령**으로 정한다.
   • 과태료 기준은 **대통령령**으로 정한다.

3. **업무정지처분**은 그 사유가 발생한 날부터 3년이 경과한 때에는 이를 할 수 **없다.**
   • 업무정지처분은 그 사유가 발생한 날부터 1년 또는 2년이 경과한 때에는 이를 할 수 있다.
   • 자격정지처분은 그 사유가 발생한 날부터 3년이 경과한 때에는 이를 할 수 없다. (×)

⌑ 결격사유 : 사원 · 임원 VS 소공 · 보조원

1. 법인 사원 또는 임원이 결격사유에 해당하고 그 사유를 2개월 이내에 해소하지 않은 경우 : 절대적 등록취소

2. 소속공인중개사 또는 중개보조원이 결격사유에 해당하고 그 사유를 2개월 이내에 해소하지 않은 경우 : 순수 업무정지

⌑ 이중 시리즈

1. 이중으로 중개사무소의 개설등록을 한 자 : 절대적 등록취소

2. 둘 이상의 중개사무소에 소속된 경우 : 절등취, 자격정지

3. 둘 이상의 중개사무소를 둔 경우 & 임시 중개시설물 : 임등취

4. 다른 둘 이상의 거래계약서를 작성한 경우 : 임등취, 자격정지

• 1.~3. 1년 이하의 징역 또는 1천만원의 이하의 벌금, 4. 형벌(1-1) 없음

⌑ 셔셔셔는 업무정지 / 쎈셔는 임등취

전속중개계약셔 사용 ×, 보존 ×
확인 · 설명셔 교부 ×, 보존 ×, 서명 및 날인 × ······▶ 순수
거래계약셔 교부 ×, 보존 ×, 서명 및 날인 ×　　　　　　업무정지

거래계약서 거래금액 등 거짓 기재
서로 다른 둘 이상 거래계약서 작성한 경우 ······▶ 임의적 등록취소

🗂 최근 1년 시리즈

▶ 과과과 + 업(위반) = 임등취
　과과과 + 과(위반) = 임등취

▶ 과과업 + 업(위반) = 임등취
　과과업 + 과(위반) = 임등취

▶ 과업업 + 업(위반) = **절등취**
　과업업 + 과(위반) = 임등취

▶ 과과, 과업, 업업 + 과(위반) = 순수 업무정지

• 3 + 과(위반) = 임의적 등록취소
• 2 + 과(위반) = 순수 업무정지

🗂 폐업 전에 받은 행정처분의 승계

폐업신고 전의 개업공인중개사에 대하여 행한 업무정지처분 및 과태료처분의 효과는 그 **처분일부터 1년간** 재등록한 개업공인중개사에게 **승계**된다.

• 폐업일부터 1년간(×)

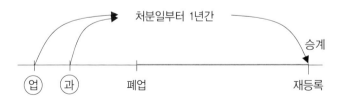

🗀 폐업 전의 위반행위에 대한 행정처분

1. 3년 초과하여 폐업한 후 재등록한 개업공인중개사에 대하여는 폐업 전의 사유로 등록취소처분을 할 수 없다.

2. 1년 초과하여 폐업한 후 재등록한 개업공인중개사에 대하여는 폐업 전의 사유로 업무정지처분을 할 수 없다.

3. 재등록한 개업공인중개사에 대하여 폐업 전의 사유로 행정처분을 함에 있어서는 폐업기간과 폐업의 사유를 고려하여야 한다.

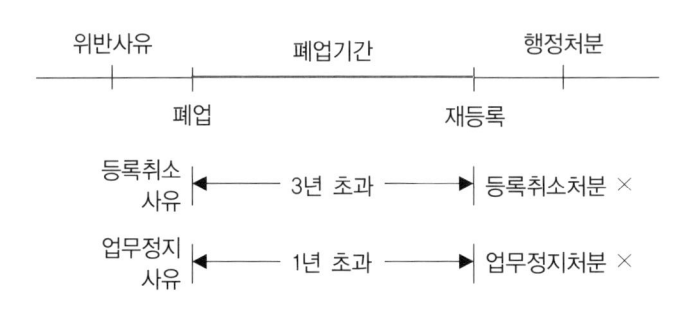

⌐ 3년 이하의 징역 또는 3천만원 이하의 벌금 [암기법] 무거관직

쌍투꾸단 + 5개

---

① 중개사무소 개설등록을 하지 않고 중개업을 한 자(무)

② 거짓 그 밖의 부정한 방법으로 중개사무소 개설등록을 한 자

③ 관계법령에서 양도·알선을 금지한 부동산의 분양·임대 등과 관련 있는 증서를 중개하거나 매매업을 한 자

④ 중개의뢰인과 **직접거래** 또는 거래당사자 **쌍**방대리를 한 자

⑤ 탈세 등을 목적으로 한 미등기전매를 중개하는 **투기조장행위** / 전매가 제한된 부동산의 매매를 중개하는 **투기조장행위**

⑥ 거짓으로 거래가 완료된 것처럼 **꾸미는** 등 시세에 부당한 영향을 주거나 줄 우려가 있는 행위를 한 자

⑦ **단체**를 구성하여 특정 중개대상물의 중개를 제한하거나 단체 구성원 이외의 자와 공동중개를 제한하는 행위를 한 자

⑧ **안내문, 온라인** 커뮤니티 등을 이용하여 특정 개업공인중개사 등에 대한 중개의뢰를 제한하거나 제한을 유도하는 행위

⑨ **안내문, 온라인** 커뮤니티 등을 이용하여 현저하게 높게 표시·광고 또는 중개하는 특정 개업공인중개사 등에게만 중개의뢰를 하도록 유도

⑩ **안내문, 온라인** 커뮤니티 등을 이용하여 특정 가격 이하로 중개를 의뢰하지 아니하도록 유도

⑪ 개업공인중개사의 정당한 표시·광고 행위를 **방해**하는 행위

⑫ 현저하게 높게 표시·광고하도록 **강요**하거나 현저하게 높게 표시·광고하도록 **유도**하는 행위

☐ 1년 이하의 징역 또는 1천만원 이하의 벌금 [암기법] 양양이사오

판매명수 의비아아

① 성명을 사용하여 중개업무를 하게 한 자, 자격증 **양도**한 자, 대여한 자 / 자격증 양수받은 자, 대여받은 자 / 알선한 자

② 성명 또는 상호를 사용하여 중개업무를 하게 한 자, 등록증 **양도**한 자, 대여한 자 / 다른 사람의 성명·상호를 사용하여 중개업무를 한 자, 등록증을 양수받은 자, 대여받은 자 / 알선한 자

③ **이중**으로 중개사무소 개설등록 / 둘 **이상** 중개사무소에 소속

④ 둘 이상의 중개**사**무소를 둔 자, 임시 중개시설물을 설치한 자

⑤ 5배를 초과하여 중개보조원 고용한 자

⑥ 중개의뢰인의 **판단**을 그르치게 하는 행위를 한 자

⑦ 중개대상물의 **매매**를 업으로 한 자

⑧ 등록하지 않고 중개업을 하는 자인 사실을 알면서 그를 통하여 중개를 의뢰받은 자 / 등록을 하지 않고 중개업을 하는 자인 사실을 알면서 그에게 자기의 **명의**를 이용하게 한 자

⑨ 중개보수 또는 실비를 초과하여 금품을 받은 자

⑩ 거래정보사업자로서 개공으로부터 **의뢰**받지 않은 정보를 공개, **의뢰**받은 내용과 다르게 공개, 개공에 따라 **차**별공개

⑪ 업무상 알게 된 **비밀**을 누설한 자

⑫ 개업공인중개사가 **아닌** 자로서 '공인중개사사무소', '부동산중개' 또는 유사한 명칭을 사용한 자 / 개공이 **아닌** 자로서 중개업을 하기 위해 중개대상물 표시·광고를 한 자

⑬ 공인중개사가 **아닌** 자로서 공인중개사 또는 이와 유사한 명칭을 사용한 자

① **시·도지사 − 개공/소공**: 연수교육을 받지 아니한 자

② **등록관청 − 중개보조원 및 개업공인중개사**: 본인이 중개보조원임을 알리지 아니한 중개보조원 및 개업공인중개사

③ **등록관청 − 개공**: 부당한 표시·광고(존존존빠다과자)

④ **등록관청 − 개공**: 성실·정확 확인·**설명** ×, 근거자료 제시 ×

⑤ **국장 − 정보통신서비스 제공자**: 표시·광고 모니터링의 관련 자료 제출요구에 대해 자료를 제출하지 아니한 경우

⑥ **국장 − 정보통신서비스 제공자**: 모니터링 결과에 따라 위반 의심되는 표시·광고 확인 또는 추가정보 게재 요구에 따르지 아니하여 필요한 조치를 하지 아니한 경우

⑦ **국장 − 거래정보사업자**: 운영규정의 승인 ×, 변경승인 ×, 운영규정 위반한 경우

⑧ **국장 − 거래정보사업자**: 조사·검사에 거부·방해·기피하거나, 감독상 **명령**에 불응한 경우

⑨ **국장 − 협회**: 공제사업 운용실적을 공시하지 아니한 경우

⑩ **국장 − 협회**: 조사·검사에 거부·방해·기피하거나, 감독상 **명령**에 불응한 경우

⑪ **국장 − 협회**: 임원에 대한 **징계**·해임 요구 또는 시정명령을 이행하지 않은 경우

⑫ **국장 − 협회**: 금융감독원장의 공제사업에 관한 조사 또는 **검사**에 불응한 경우

⑬ **국장 − 협회**: 공제사업 **개선명령**을 이행하지 않은 경우

① **등록관청** – 중개사무소의 이전신고를 하지 아니한 자

② **등록관청** – 손해배상책임에 관한 사항을 설명하지 않거나 보증관계증서사본 또는 전자문서를 교부하지 아니한 자

③ **등록관청** – 등록증 등을 게시하지 아니한 자

④ **시・도지사** – 자격취소 후 자격증을 반납하지 아니하거나 자격증을 반납할 수 없는 사유서를 제출하지 아니한 자 / 거짓으로 자격증을 반납할 수 없는 사유서를 제출한 자

⑤ **등록관청** – 등록취소 후 등록증을 반납하지 아니한 자

⑥ **등록관청** – 3월 초과 휴업, 폐업, 휴업기간 변경, 중개업의 재개신고를 하지 아니한 자

⑦ **등록관청** – 개업공인중개사로서 중개대상물 표시・광고시 중개사무소 및 개업공인중개사에 관한 사항을 표시하지 않은 자 / 표시・광고에 중개보조원을 함께 명시한 자 / 인터넷을 이용한 표시・광고를 함에 있어서 중개대상물의 소재지, 면적, 가격 등의 사항을 명시하지 아니한 자

⑧ **등록관청** – 개업공인중개사로서 사무소의 명칭에 "공인중개사사무소" 또는 "부동산중개"라는 **문자**를 사용하지 아니한 자 / 옥외 광고물에 성명을 표기하지 아니하거나 거짓으로 표기한 자

⑨ **등록관청** – 부칙상 개업공인중개사로서 사무소의 명칭에 "공인중개사사무소"라는 **문자**를 사용한 자

🖳 부동산 거래신고 – 부동산 등 [암기법] 주시건택도공산빈집

1. **부동산** : 토지, 건축물(미등기 건물, 무허가 건물 포함)
2. **부동산을 취득할 수 있는 권리**

> ▶「주택법」
>
> ▶「도시 및 주거환경정비법」
>
> ▶「건축물의 분양에 관한 법률」
>
> ▶「택지개발촉진법」
>
> ▶「도시개발법」
>
> ▶「공공주택 특별법」
>
> ▶「산업입지 및 개발에 관한 법률」
>
> ▶「빈집 및 소규모주택 정비에 관한 특례법」

① 위 8개 법률에 따른 부동산에 대한 **공급계약**

② 위 8개 법률에 따른 공급계약을 통하여 **부동산을 공급받는 자**로 선정된 지위(분양권)의 매매계약

③ 「도시 및 주거환경정비법」에 따른 관리처분계획 인가로 취득한 **입주자로 선정된 지위**(입주권)의 매매계약

④ 「빈집 및 소규모주택 정비에 관한 특례법」에 따른 사업시행계획 인가로 취득한 **입주자로 선정된 지위**의 매매계약

- 매매계약(○), 교환(×) 증여(×) 상가·토지 임대차(×) 경매(×)
- 토지거래계약의 허가를 받은 경우 또는 농지취득자격증명을 받은 경우라도 부동산거래신고를 해야 한다.
- 계약체결일부터 **30일 이내**
- **신고관청** : 부동산 등 소재지 관할 시장(특별자치시장, 특별자치도 행정시장)·군수·구청장

⬚ 부동산 거래신고 의무자 − 거래당사자 간 직거래

1. **공동신고 의무**(원칙) − **방법** : 부동산거래계약 신고서에 공동으로 서명 또는 날인하여 제출해야 한다. •**공동제출**(×)

2. 거래당사자 중 일방이 국가, 공공기관, 지방자치단체, 지방직영기업, 지방공사, 지방공단 − **국가** 등이 신고해야 한다.

   •신고서에 **국가 등이** 단독으로 서명 또는 날인 •공동신고(×)

3. 일방이 신고를 거부하면 국토교통부령으로 정하는 바에 따라 단독으로 신고할 수 있다.

   •신고서에 단독으로 서명 또는 날인 + **거래계약서 사본**, 단독신고사유서 첨부

⬚ 부동산 거래신고 의무자 − 중개거래

1. 개업공인중개사가 부동산 거래신고를 해야 하고 **거래당사자는 신고의무가 없다.**

   •개업공인중개사와 거래당사자가 공동으로 신고해야 한다. (×)

2. 공동중개를 한 경우에는 공동으로 신고해야 한다.

3. 개업공인중개사 중 일방이 신고를 거부하면 국토교통부령으로 정하는 바에 따라 단독으로 신고할 수 있다.

   •신고서에 단독으로 서명 또는 날인 + 거래계약서 사본, 단독신고사유서 첨부

• **소속공인중개사는** 신고서의 제출을 대행할 수 있다.

• 제출을 대행하는 소속공인중개사는 자신의 신분증명서를 신고관청에 보여줘야 한다.

📑 부동산 거래신고 - 공통신고사항

1. 거래당사자의 인적 사항
2. 매수인이 국내에 주소(거소) 두지 않을 경우 또는 외국인인 경우에는 위탁관리인의 인적 사항
3. 개업공인중개사가 거래계약서를 작성·교부한 경우

   ▶ 개공의 인적 사항, 중개사무소의 상호·전화번호 및 소재지

4. 계약체결일, 중도금지급일 및 잔금지급일
5. 계약의 조건이나 기한이 있는 경우에는 그 조건 또는 기한
6. 거래대상 부동산 등의 종류
7. 거래대상 부동산 등의 소재지·지번·지목 및 면적
8. 실제 거래가격

[암기법] 거래당사자(라면 끓여), 국내에 주소 없거나 외국인이면
위탁관리인이 끓여, 개공(중개한 경우 젓가락 들고 붙어),
사무소(에서 먹어),
계약체결일, 중도금지급일, 잔금지급일(라면 먹는 날),
조(아하는 라면) 종류 소지면(소의 지름으로 튀긴 라면),
실(실 웃으며 먹어)

· 권리관계(×) · 공법상 이용제한 및 거래규제(×) · 기준시가(×)

🗇 추가신고사항 - 법인이 주택 거래계약을 체결하는 경우

1. **매도법인 및 매수법인 모두 신고할 사항**

   ① **법인의 등기 현황**

   ② **법인과 거래상대방 간의 관계**

   - 거래당사자 중 **국가 등**이 포함되어 있거나 공급계약 및 분양권의 거래계약인 경우는 ①②**신고** ×

2. **매수법인만 추가로 신고할 사항**

   ① **취득목적**

   ② **이용계획**

   ③ **자금조달계획 및 지급방식.** 다만, **투기과열지구** 주택의 경우 자금조달계획 증명서류 첨부

   - 매도인이 국가 등인 경우에도 매수법인은 신고 ○

매도인 甲 법인	─── 주택 매매 ───	매수인 乙 법인

▶ **甲 및 乙**: 1. 신고(○)
▶ **乙**: 2. 신고(○)

매도인 甲 국가 등	─── 주택 매매 ───	매수인 乙 법인

▶ **乙**: 1. 신고(×)
▶ **乙**: 2. 신고(○)

🗋 추가 신고사항 – 자연인이 주택을 취득하는 경우

※ 비규제(6억원 이상), 투기과열지구 or 조정대상지역 모든 주택

① 자금조달계획 및 지급방식. 다만, **투기과열지구** 주택의 경우 자금조달계획 증명서류 **첨부**

② 매수자 본인이 입주할지 여부, 입주 예정시기 등 이용계획

• 매도인이 국가 등인 경우에도 자연인인 매수인은 신고○

🗋 추가신고사항 – 토지를 매수하는 경우

• **수도권 등(수도권, 광역시, 세종시)** : 1억원 이상 토지. 단, 지분 매수의 경우 모든 가격의 토지
• **수도권 등 외의 지역** : 6억원 이상 토지. 지분 매수의 경우에도 6억원 이상인 토지

① 토지의 취득에 필요한 자금의 조달계획

② 토지의 이용계획

• 매도인이 국가 등인 경우에도 **국가 등이 아닌 매수인**은 신고○
• 건축물이 소재하는 필지가격은 거래가격에서 제외할 것
• 1회의 계약으로 매수하는 토지가 둘 이상인 경우에는 각각의 토지 가격을 모두 합산할 것
• 신고 대상 토지거래계약 체결일부터 역산하여 1년 이내에 매수한 맞닿은 토지가 있는 경우에는 그 토지 가격을 거래가격에 합산할 것

🗂 신고필증 교부 및 신고내용의 조사

1. **국토교통부장관**: 부동산거래가격 검증체계를 구축·운영
2. 신고관청은 그 신고 내용을 확인한 후 신고인에게 신고필증을 **지체 없이 발급**해야 한다.
3. **국토교통부장관**은 신고내용조사를 직접 또는 신고관청과 공동으로 실시할 수 있다.
4. **신고관청**은 신고내용 조사 결과를 시·도지사에게 보고해야 하며, 시·도지사는 매월 1회 **국토교통부장관**에게 보고해야 한다.

🗂 부동산거래계약 신고서 작성방법

1. 거래당사자가 다수인 경우 매도인 또는 매수인의 **주소란**에 각자의 거래 지분 비율을 표시한다.
2. 거래당사자가 외국인인 경우 국적을 반드시 기재해야 한다.
3. 외국인이 부동산 등을 매수하는 경우 **매수용도란에 표시**한다.
4. "건축물" 또는 "토지 및 건축물"인 경우에는 「건축법 시행령」 [별표 1]에 따른 용도별 **건축물의 종류**를 적는다.
5. **공급계약**은 시행사 또는 건축주 등이 최초로 부동산을 공급(분양)하는 계약을 말하며, 준공 전과 준공 후에 따라 표시한다.
6. **임대주택 분양전환**은 법인인 임대주택사업자가 임대기한이 완료되어 분양전환하는 주택인 경우에 표시한다.
7. **전매**는 **부동산을 취득할 수 있는 권리의 매매**로서, "분양권" 또는 "입주권"에 표시한다.

8. 토지대장상의 지목·면적, 건축물대장상의 건축물 면적, 등기 사항증명서상의 대지권 비율을 적는다.

9. 건축물 면적은 집합건축물의 경우 **전용면적**을 적고, **집합건축물 외의 건축물의 경우 연면적**을 적는다.

10. 물건별 거래가격란에는 **각각의 부동산별** 거래가격을 적는다.

11. 공급계약 또는 전매계약의 경우 **분양가격, 발코니 확장 등 선택비용 및 추가지급액**을 각각 적는다.

12. 종전 부동산란은 **입주권** 매매의 경우에만 작성한다.

13. 공급계약 또는 전매계약인 경우 물건별 거래가격 및 총 실제 거래가격에 **부가가치세를 포함한** 금액을 적고, 그 외의 거래 대상의 경우 부가가치세를 제외한 금액을 적는다.

❏ 부동산거래계약 해제등신고

1. **거래당사자**는 계약이 **해제, 무효** 또는 **취소**된 경우 해제 등이 확정된 날부터 **30일** 이내에 해당 신고관청에 **공동으로 신고해야 한다.** 다만, 일방이 신고를 거부하는 경우에는 국토교통부령으로 정하는 바에 따라 단독으로 신고할 수 있다.

2. 개업공인중개사가 부동산 거래신고를 한 경우에는 **개업공인중개사가 해제 등 신고를 할 수 있다.**

• 개업공인중개사가 부동산 거래신고를 한 계약이 해제된 경우, 개업공인중개사는 확정된 날부터 30일 이내에 신고관청에 **신고해야 한다.** (×)

부동산거래계약 정정신청 [암기법] 전주상사 비대 종류 지지면

1. 거래당사자의 주소·**전화번호** 또는 휴대전화번호
2. 개업공인중개사의 전화번호·**상호** 또는 **사무소** 소재지
3. 거래 지분 **비율**, 부동산 등의 대지권비율
4. 거래대상 건축물의 **종류**
5. 거래대상 부동산 등의 **지목**, 거래 **지분**, **면적**

- 신고필증에 잘못 기재된 경우에는 정정을 신청할 수 있다.
- 성명(×) 주민등록번호(×) 법인명(×) 법인등록번호(×)
- 거래가격(×) 소재지·지번(×)
- '전주'는 혼자 간다 : 거래당사자의 주소·전화번호 또는 휴대전화 번호를 정정하는 경우에는 거래당사자 일방이 단독으로 서명 또는 날인하여 정정을 신청할 수 있다. 이 경우 전자문서로 신청할 수 없다.

📌 부동산거래계약 변경신고 [암기법] 비지면 조가중잔 제외 위

1. 거래 지분 비율
2. 거래 **지분**
3. 거래대상 부동산 등의 면적
4. 계약의 조건 또는 기한
5. 거래가격
6. 중도금 · 잔금 및 지급일
7. 공동매수의 경우 일부 매수인의 변경(일부가 **제외**되는 경우만)
8. 부동산 등이 다수인 경우 일부 부동산 등의 변경(일부가 **제외**되는 경우만)
9. 위탁관리인의 성명, 주민등록번호, 주소 및 전화번호

- 위 항목이 변경된 경우에는 변경을 신고할 수 있다.
- 매수인(부동산 등) 추가(×) 교체(×)
- 정정신청 및 변경신고의 공통사항 : 비지면(거래 지분 비율, 거래 지분, 부동산 등의 면적)

🔖 주택임대차계약의 신고

1. **주택** : 「주임법」에 따른 주택(**사실상 주거용**)임대차계약

2. 주택의 **취득할 수 있는 권리**의 임대차계약도 신고

3. **대상** : 보증금이 6천만원 초과 또는 월차임 30만원 초과

   • 보증금 6천만원, 월차임 30만원 : 신고(×)

   • 보증금 7천만원, 월차임 20만원 : 신고(○)

   • 보증금 5천만원, 월차임 40만원 : 신고(○)

4. 계약을 **갱신**하는 경우로서 보증금 및 차임의 증감 없이 임대차 기간만 연장하는 계약은 신고대상에서 제외된다.

5. **지역** : 특별시 · 광역시 · 특별자치시 · 특별자치도 · 시 · 군(**광역 시 및 경기도** 관할구역에 있는 군으로 한정)

   • 인천광역시 강화군(○), 충청남도 청양군(×)

6. **공동신고** : 임대차계약**당사자**는 체결일부터 30일 이내에 신고 관청에 **공동으로 신고**하여야 한다.

7. **국가 등** : 일방이 국가 등인 경우에는 **국가 등**이 단독으로 신고 해야 한다.

8. **일방 거부** : 일방이 신고를 거부하는 경우에는 국토교통부령 으로 정하는 바에 따라 단독으로 신고할 수 있다.

9. 신고관청은 그 신고 내용을 확인한 후 신고인에게 신고필증을 지체 없이 발급하여야 한다.

• **개업공인중개사**의 주택임대차계약의 신고의무는 **없다**.

☐ 주택임대차계약의 변경 및 해제 신고

1. **변경, 해제 신고** : 보증금, 차임 등 임대차 가격이 **변경**되거나 임대차 계약이 해제된 때에는 당사자는 **30일** 이내에 해당 신고 관청에 **공동으로 신고**하여야 한다.

2. **국가 등** : 일방이 국가 등인 경우에는 **국가 등**이 단독으로 신고 해야 한다.

3. **일방 거부** : 일방이 신고를 거부하는 경우에는 국토교통부령 으로 정하는 바에 따라 단독으로 신고할 수 있다.

4. 신고관청은 그 신고 내용을 확인한 후 신고인에게 신고필증을 지체 없이 발급하여야 한다.

☐ 주택임대차신고 – 다른 법률에 따른 신고 등의 의제

1. 임차인이 「주민등록법」에 따라 **전입신고**를 하는 경우 이 법에 따른 주택임대차계약의 신고를 한 것으로 본다.

2. 임대차계약서를 제출하면서 주택임대차계약의 신고 및 변경 신고의 접수를 완료한 때에는 「주택임대차보호법」에 따른 **확정 일자**를 부여한 것으로 본다.

🗘 외국인 등

① 대한민국 국적을 보유하고 있지 아니한 개인

② 외국의 법령에 의하여 설립된 법인 또는 단체

③ 대한민국법령에 따라 설립된 법인 또는 단체로서

> • 사원 또는 구성원의 2분의 1 이상이 ①로 구성된 법인 또는 단체
> • 사원이나 이사 등 임원의 2분의 1 이상이 ①로 구성된 법인 또는 단체
> • ① 또는 ②가 자본금 또는 의결권의 2분의 1 이상 가지고 있는 법인 또는 단체

④ 외국 정부

⑤ 대통령령으로 정하는 국제기구

> • 국제연합과 그 산하기구 · 전문기구
> • 정부 간 기구
> • 준정부 간 기구
> • 비정부 간 국제기구

• 외국의 법령에 의하여 설립된 법인 또는 단체로서 구성원의 2분의 1 이상이 대한민국 국민으로 구성된 경우 외국인 등에 해당하지 않는다. (×)

• 외국의 법령에 의하여 설립된 법인이 의결권의 2분의 1 이상 가지고 있는 법인은 외국인 등에 해당한다. (○)

🏳 외국인 등의 부동산 등 취득신고

1. **교환계약, 증여계약**: 계약일부터 60일 이내 신고관청에 신고
   - 신고 × 거짓신고 : 300만 이하 과태료
2. **계약 외**: 상속, 경매, 확정판결, 환매권 행사, 법인의 합병, 건축물 신축 · 증축 · 개축 · 재축 / 취득일부터 6개월 이내 신고
   - 신고 × 거짓신고 : 100만 이하 과태료, **계약 외** : 상경ㅎㅎㅎㅊ
3. **부동산 등을 갖고 있는 대한민국 국민, 법인, 단체가 외국인 등으로 변경된 후 계속 보유 / 변경일부터 6개월 이내 신고**
   - 신고 × 거짓신고 : 100만 이하 과태료

- 매매 30일 / 교환 · 증여 60일
- 계약일 60일 300 / 6개월 100 / 6개월 100

🏳 외국인 등의 토지취득허가 대상 토지 [암기법] 군사 천연 문화 생태 으르렁

1. **군사시설** 보호구역
2. **천연기념물** 등과 이를 위한 보호물 또는 보호구역
3. **지정문화유산**과 이를 위한 보호물 또는 보호구역
4. **생태** · 경관보전지역
5. **야생생물** 특별보호구역

🗂 외국인 등의 토지취득허가

1. 계약을 체결하기 전에 신고관청으로부터 토지취득의 허가를 받아야 한다.

2. 신고관청은 다음의 기간 안에 허가 또는 불허가처분해야 함.
   - 군사시설 보호구역 : 30일 + 30일 범위에서 연장 가능
   - 천연 문화 생태 으르렁 : 15일

4. 허가를 받지 않고 체결한 계약은 효력이 발생하지 아니한다.

5. 허가를 받지 아니하고 계약하거나 부정한 방법으로 허가를 받아 계약한 경우 2년 이하의 징역 또는 2천만원 이하의 벌금

- 신고 : 계약일~60일 이내, 거짓신고 : 계약은 유효, 300만 과태료
- 허가 : 계약체결 전, 허가받지 않은 계약 무효, 2-2(징역 또는 벌금)

🗂 부동산 거래신고 등에 관한 법률 – 형벌 및 과태료

🗂 3년 이하의 징역 또는 3천만원 이하의 벌금

부당하게 재물이나 재산상 이득을 취득하거나 제3자로 하여금 이를 취득하게 할 목적으로 다음의 사유를 위반한 자

1. 매매계약을 체결하지 아니하였음에도 불구하고 거짓으로 부동산 거래신고를 한 자

2. 부동산 거래신고 후 해당 계약이 해제 등이 되지 아니하였음에도 불구하고 거짓으로 해제 등의 신고를 한 자

🗅 3,000만원 이하 과태료 [암기법] 불불자

1. 매매계약을 체결하지 아니하였음에도 **불**구하고 거짓으로 부동산 거래신고를 한 자
2. 부동산 거래신고 후 해당 계약이 해제 등이 되지 아니하였음에도 **불**구하고 거짓으로 해제 등의 신고를 한 자
3. 거래대금 지급을 증명할 수 있는 **자**료를 제출하지 아니하거나 거짓으로 제출한 자

🗅 500만원 이하 과태료 [암기법] 아아조외요

1. 부동산 거래신고를 하지 **아**니한 자(공동신고 거부한 자 포함)
2. 거래당사자로서 해제등신고를 하지 **아**니한 자
3. 부동산 거래신고에 대하여 거짓신고를 **조**장하거나 방**조**한 자
4. 거래대금지급증명자료 **외**의 자료를 제출 × 거짓 제출한 자
5. 개업공인중개사로 하여금 부동산 거래신고를 하지 **아**니하게 하거나 거짓된 내용을 신고하도록 **요**구한 자

🗅 취득가액의 100분의 10 이하의 과태료

1. 신고의무자로서 부동산 거래**신고**를 **거짓**으로 한 자
2. 신고의무자가 아닌 자로서 부동산 거래**신고**를 **거짓**으로 한 자

◺ 300만원 이하 과태료

외국인 등으로서 **계약**(교환, 증여)에 따른 신고를 하지 않거나 거짓으로 신고한 자

◺ 100만원 이하 과태료

1. 외국인 등으로서 **계약 외**에 따른 신고를 하지 않거나 거짓으로 신고한 자
2. 외국인 등으로서 **계속보유**에 따른 신고를 하지 않거나 거짓으로 신고한 자
3. **주택임대차계약의 신고** 또는 변경·해제 신고를 하지 아니하거나(공동신고를 거부한 자를 포함) 그 신고를 거짓으로 한 자

◺ 자진신고 과태료 감면사유 아닌 것 [암기법] 외삼촌

1. 매매계약을 체결하지 아니하였음에도 불구하고 거짓으로 부동산 거래신고를 한 자(3,000)
2. 부동산 거래신고 후 해당 계약이 해제 등이 되지 아니하였음에도 불구하고 거짓으로 해제 등의 신고를 한 자(3,000)
3. 거래대금 지급을 증명할 수 있는 자료를 제출하지 아니하거나 거짓으로 제출한 자(3,000)
4. 거래대금지급증명자료 외의 자료를 제출 × 거짓 제출한 자(500)

- **조사가 <u>시작되기 전</u>에 자진신고를 한 자** : 과태료 면제
- **조사가 <u>시작된 후</u> 자진신고를 한 자** : 과태료 100분의 50 감경

▢ 토지거래허가구역 – 지정권자

1. **국토교통부장관**: 둘 이상 시·도에 걸치는 경우

2. **시·도지사**: 동일한 시·도의 일부 지역인 경우(원칙)

3. **지정기간**: 5년 이내

4. 국토교통부장관 또는 시·도지사는 허가대상자(외국인 등을 포함한다), 허가대상 용도와 지목 등을 특정하여 허가구역을 지정할 수 있다.

▢ 허가구역의 지정절차 – 지정, 해제, 축소, 재지정

• 지정 = 해제 = 축소 : 심의

• 재지정 = 의견 ⇨ 심의 [암기법] 다시 볼 때 의심~

1. **국토교통부장관** 또는 **시·도지사**는 허가구역을 지정(= 해제 = 축소)하려면 **중앙도시계획위원회** 또는 **시·도도시계획위원회의 심의**를 거쳐야 한다.

2. 지정기간이 끝나는 허가구역을 계속하여 다시 허가구역으로 지정하려면

   ① 국토교통부장관은 중앙도시계획위원회의 **심의** 전에 미리 시·도지사 및 시·군 또는 구청장의 **의견**을 들어야 한다.

   ② 시·도지사는 시·도도시계획위원회의 **심의** 전에 미리 시장·군수 또는 구청장의 **의견**을 들어야 한다.

• 국토교통부장관은 허가구역을 지정하려면 중앙도시계획위원회 심의 전에 미리 시·도지사의 의견을 들어야 한다. (×)

• 국토교통부장관은 지정사유가 없어졌다고 인정되는 경우 중앙도시계획위원회 심의를 거치지 않고 지정을 해제할 수 있다. (×)

☐ 허가구역의 지정절차 - 지정의 공고 및 통지

1. 국토교통부장관 또는 시·도지사는 허가구역을 지정한 때에는 지체 없이 다음의 사항을 **공고**해야 한다.

> ① **지정기간**
> ② **허가대상자**, 허가대상 **용도** 및 **지목**
> ③ 소재지, 지번, 지목, 면적 및 용도지역
> ④ **지형도**(축척 5만분의 1 또는 2만 5천분의 1)
> ⑤ **허가면제** 대상 토지면적

2. 국토교통부장관은 공고내용을 시·도지사를 거쳐 시장·군수 또는 구청장에게 통지해야 한다. 시·도지사는 공고내용을 국토교통부장관, 시장·군수 또는 구청장에게 통지해야 한다.

☐ 허가구역의 지정절차 - 시장·군수·구청장의 공고 및 열람

• 허가구역 지정·공고 내용을 통지받은 시·군 또는 구청장은

1. 지체 없이 그 공고내용을 관할 **등기소장**에게 **통지**해야 한다.
2. 지체 없이 그 사실을 **7일 이상** 공고하고 **15일간** 일반이 **열람**할 수 있도록 해야 한다.

[암기법] 7공주 15일간 열받아

• 허가구역의 지정은 국토교통부장관 또는 시·도지사가 허가구역을 지정하여 **공고한** 날부터 **5일 후**에 효력이 생긴다.

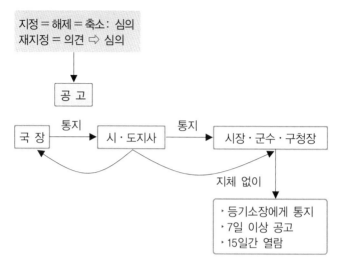

지정 = 해제 = 축소: 심의
재지정 = 의견 ⇨ 심의

공고

국장 ──통지──▶ 시·도지사 ──통지──▶ 시장·군수·구청장

지체 없이

• 등기소장에게 통지
• 7일 이상 공고
• 15일간 열람

☐ 토지거래허가 - 허가대상

1. 허가구역에 있는 토지에 관한 **소유권·지상권**을 이전하거나 설정(**대가를 받고 이전하거나 설정하는 경우만 해당한다**)하는 계약(**예약을 포함한다**)을 체결하려는 당사자는 **공동으로 시장·군수 또는 구청장의 허가**를 받아야 한다.

2. 허가받은 사항을 **변경**하려는 경우에도 **공동으로 허가**를 받아야 한다.

• 매매(○), 교환(○), 대가를 받고 지상권 설정·이전계약(○), 대가를 받고 소유권이전등기 청구권·지상권설정등기 청구권 보전가등기(○), **무상 증여(×), 임대차(×), 사용대차(×), 경매(×)**

🗂 토지거래허가 — 허가신청절차

1. 허가를 받으려는 자는 그 허가신청서에 계약내용과 그 **토지의 이용계획, 취득자금 조달계획** 등을 적어 시장·군수 또는 구청장에게 제출해야 한다.

2. 허가신청서를 받은 허가관청은 지체 없이 필요한 조사를 하고 신청서를 받은 날부터 **15일 이내에** 허가·변경허가 또는 불허가 처분을 해야 한다.

- 「민원 처리에 관한 법률」에 따른 처리기간에 허가증의 발급 또는 불허가처분사유의 통지가 없거나 선매협의사실의 통지가 없는 경우에는 그 기간이 끝난 날의 **다음날에** 허가가 있는 것으로 본다.

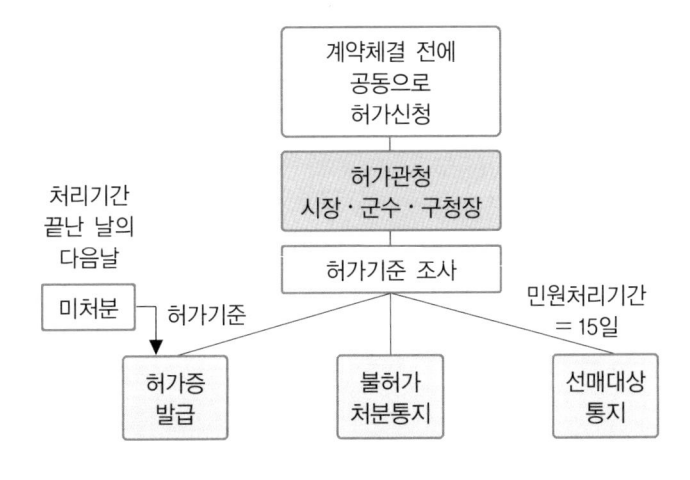

❏ 토지거래허가 - 허가면제 대상 토지면적

도시지역	주거지역	60m² 이하	도시지역외의지역	기 타	250m² 이하
	상업지역	150m² 이하			
	공업지역	150m² 이하		농 지	500m² 이하
	녹지지역	200m² 이하			
	미지정지역	60m² 이하		임 야	1,000m² 이하

• 국토부장관 또는 시·도지사가 해당 기준면적의 10% 이상 300% 이하의 범위에서 따로 정하여 공고한 경우에는 그에 따른다.

❏ 토지거래허가 - 허가기준

1. **실수요성**(아래 해당하는 경우 허가하여야 한다)
   자기거주 주택용지 / 복지·편익 / 농업인 등 30km 이내 / 농지 협의양도·수용되어 대체농지 취득 3년 이내, 80km 이내, 종전의 토지가액 이하 / 사업시행 / 농지 외의 토지 협의양도·수용된 후 종전의 토지가액 이하 3년 이내 대체토지 취득 / 이용·개발 금지된 토지 현상보존 목적 / 임대사업을 하는 자가 임대사업 목적으로 건축물과 토지 취득

2. **면적의 적정성**
   취득면적이 그 토지의 이용목적으로 보아 적합하지 않다고 인정되는 경우 허가해서는 안 된다.

🗂 토지거래허가 – 토지이용 의무기간

• 허가받은 자는 대통령령이 정하는 사유가 있는 경우 외에는 **5년의 범위**에서 다음에 정하는 기간 동안 그 토지를 허가받은 목적대로 이용해야 한다.

1. 자기의 거주용 **주택용지**, 복지 또는 **편익시설** 2년

2. **농업 · 축산업 · 임업 또는 어업** 2년

3. 협의양도, 수용된 자가 **대체토지** 취득 2년

4. **사업의** 시행 4년

5. **현상보존의** 목적 5년

🗂 토지거래허가 – 조사 및 이행명령

1. 허가관청은 **매년 1회 이상** 토지의 개발 및 이용 등의 실태를 조사해야 한다.

2. **이용의무 이행명령** : 허가받은 목적대로 이용하지 않은 자에 대해 시장 · 군수 · 구청장은 **3개월 이내**의 기간을 정하여 이용의무 이행을 명할 수 있다.

토지거래허가 – 이행강제금

1. **이행강제금 부과**: 이행명령이 정하여진 기간에 이행하지 않은 경우 취득가액(실거래가)의 **100분의 10** 범위에서 부과한다.

   ① **방치**: 100분의 10
   ② **임대**: 100분의 7
   ③ **허가관청 승인 없이 변경**: 100분의 5
   ④ ①~③ **외의 경우(기타)**: 100분의 7

2. 최초 **이행명령**이 있었던 날을 기준으로 하여 **1년**에 한 **번**씩 이행명령이 이행될 때까지 반복하여 부과 · 징수할 수 있다.

3. 이용 의무기간이 지난 후에는 부과할 수 없다.

4. 허가관청은 이행명령을 받은 자가 그 명령을 이행하는 경우에는 새로운 이행강제금의 부과를 즉시 중지하되, **명령을 이행하기 전에 이미 부과된 이행강제금은 징수해야 한다.**

5. **이의제기**: 이행강제금 부과처분을 고지 받은 날부터 **30일** 이내에 **허가관청**에 이의를 제기할 수 있다.
   [암기법] 구청 앞에서 제기 30개 찰래

▢ 토지거래허가 - 이의신청, 매수청구

1. **이의신청** : 허가 또는 불허가처분에 대하여 이의가 있는 자는 그 처분을 받은 날부터 **1개월 이내에 시장·군수 또는 구청장**에게 이의를 신청할 수 있다.

2. **매수청구** : 불허가처분 받은 자는 **1개월 이내에 시장·군수 또는 구청장**에게 권리의 매수를 청구할 수 있다.

   • 시장·군수 또는 구청장은 국가 등 중에서 매수자를 정하며 매수자로 하여금 공시지가를 기준으로 매수하게 하여야 한다.

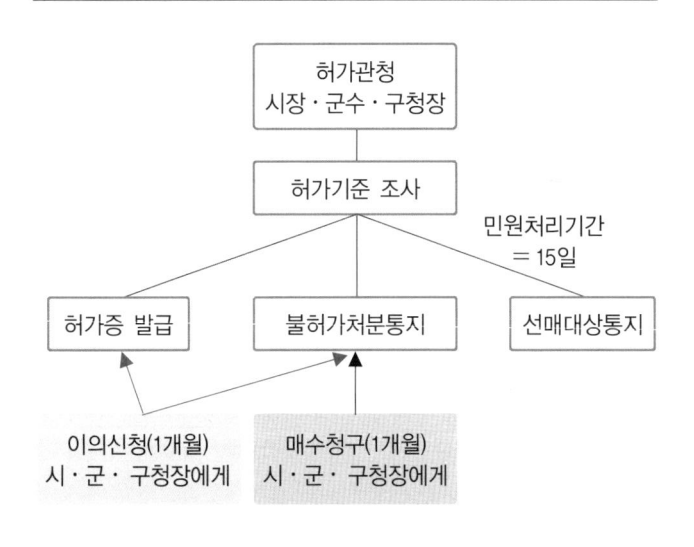

⛄ 토지거래허가 – 다른 법률에 따른 인가·허가 등의 의제

1. 농지에 대하여 토지거래계약 허가를 받은 경우에는 「농지법」에 따른 농지취득자격증명을 받은 것으로 본다.
2. 토지거래계약에 관한 허가증을 발급받은 경우에는 「부동산등기 특별조치법」에 따른 검인을 받은 것으로 본다.
3. 토지거래계약의 허가를 받더라도 부동산 거래신고를 해야 한다.

⛄ 토지거래허가 – 무허가 계약

1. **무효** : 허가를 받지 아니하고 체결한 토지거래계약은 효력이 발생하지 아니한다.
2. 허가 또는 변경허가를 받지 아니하고 계약 체결 또는 부정한 방법으로 허가를 받은 자는 2년 이하의 징역 또는 계약체결 당시의 개별공시지가 100분의 30 이하의 벌금에 처한다.

🔲 토지거래허가 ― 제재처분

1. **국토교통부장관, 시·도지사, 시장·군수 또는 구청장**은 다음의 어느 하나에 해당하는 자에게 **허가 취소** 또는 그 밖에 **필요한 처분**을 하거나 **조치**를 명할 수 있다.

   > ① 허가 또는 변경허가를 받지 아니하고 계약을 체결한 자
   > ② 부정한 방법으로 토지거래계약에 관한 허가를 받은 자
   > ③ 허가받은 목적대로 이용하지 아니한 자

   • ①② 2년 이하의 징역 또는 공시지가 30% 이하의 벌금 ③ 이행강제금
   [암기법] 때렸는데도 화가 풀리지 않아 떼로 달려가 못살게 군다.

2. 국토교통부장관, 시·도지사, 시장·군수 또는 구청장은 토지거래계약 **허가의 취소** 처분을 하려면 청문을 해야 한다.

3. **허가 취소, 처분** 또는 **조치명령**을 위반한 자는 1년 이하의 징역 또는 1천만원 이하의 벌금에 처한다.
   [암기법] 못살게 굴었는데도 말 안 들으면 때린 데 또 때려~
   작대기로 (1-1)

🔲 토지거래허가 ― 선매대상 토지

시장·군수 또는 구청장은 아래 토지에 대한 **허가신청이 있는 경우** 국가, 지자체, 한국토지주택공사 등이 토지의 **매수를 원하면** 토지를 매수할 자(선매자)를 지정하여 협의 매수하게 할 수 있다.

> ① 공익사업용 토지
> ② 허가받은 목적대로 이용하고 있지 **아니한** 토지

◻ 시장 · 군수 또는 구청장

1. 시장 · 군수 또는 구청장은 허가신청을 받은 토지가 선매협의 절차가 진행 중인 경우에는 「민원 처리에 관한 법률」에 따른 처리기간 내에 그 사실을 신청인에게 알려야 한다.

2. 시장 · 군수 또는 구청장은 허가신청이 있는 날부터 **1개월 이내**에 선매자를 지정하여 토지 소유자에게 알려야 한다.

◻ 선매자

1. 선매자는 지정 통지 받은 날부터 **15일 이내** 매수가격 기재한 서면을 토지소유자에게 통지하여 선매협의를 **해야 한다.**

2. 선매자는 통지받은 날부터 **1개월 이내** 선매협의를 끝내야 한다.

3. 선매자는 통지받은 날부터 **1개월 이내** 선매협의조서를 허가관청 에 **제출해야 한다.**

- 허가관청은 선매협의가 이루어지지 아니한 경우 **지체 없이 허가 또는 불허가의 여부를 결정하여 통보해야 한다.**

- **매수청구** : 공시지가 ・ **선매** : 감정가격 '매공선감'

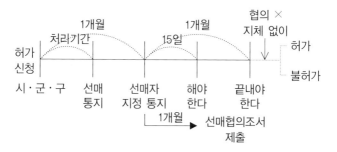

🗋 부동산 거래신고 등에 관한 법령 - 포상금 제도

시장 · 군수 또는 구청장은 아래에 해당하는 자를 행정기관이나 수사기관에 신고 또는 고발한 자에게 **포상금을 지급할 수** 있다.

① 실제 거래가격을 거짓으로 신고한 자 - 10% 이하 과태료

② 신고의무자가 아닌 자로서 실제 거래가격을 거짓으로 신고한 자 - 10% 이하 과태료

③ 매매계약을 체결하지 아니하였음에도 불구하고 거짓으로 부동산 거래신고를 한 자 - 3,000만 이하 과태료

④ 계약이 해제 등이 되지 아니하였음에도 불구하고 거짓으로 해제 등의 신고를 한 자 - 3,000만 이하 과태료

⑤ 주택임대차계약의 보증금 · 차임 등 계약금액을 거짓으로 신고한 자 - 100만 이하 과태료

⑥ 토지거래허가 또는 변경허가를 받지 아니하고 토지거래계약을 체결한 자 또는 거짓 그 밖의 부정한 방법으로 토지거래계약 허가를 받은 자 - 2년 이하의 징역 or 30% 이하의 벌금

⑦ 허가받아 취득한 토지를 허가받은 목적대로 이용하지 아니한 자 - 이행명령 및 이행강제금

[암기법] 십 삼천포 집 토지

- **거짓신고를 요구한 자**(500과) : 포상금 지급사유(×)
- **거짓신고를 조장하거나 방조한 자**(500과) : 포상금 지급사유(×)

[포상금 지급불가]

다음에 해당하는 경우에는 포상금을 **지급하지 아니할 수 있다.**

- 공무원이 직무와 관련하여 발견한 사실을 신고하거나 고발한 경우
- 해당 위반행위를 하거나 위반행위에 **관여한 자가** 신고하거나 고발한 경우
- **익명**이나 **가명**으로 신고 또는 고발하여 신고인 또는 고발인을 확인할 수 없는 경우

[포상금 지급금액]

- **①②③④⑤를 신고한 경우** : 부과되는 과태료의 100분의 20에 해당하는 금액을 지급한다. 다만 ①②를 신고한 경우 지급한도액은 1천만원으로 한다.
- **⑥⑦을 신고한 경우** : 50만원

[포상금 지급절차]

1. 위반행위 신고서를 신고관청 또는 허가관청에 제출

2. 신고관청 또는 허가관청은 포상금 지급 여부를 결정하고 이를 신고인 또는 고발인에게 알려야 한다.

3. 포상금 지급 결정을 통보받은 신고인 또는 고발인은 포상금 지급신청서를 작성하여 신고관청 또는 허가관청에 제출해야 한다.

4. 신고관청 또는 허가관청은 포상금 지급신청서가 **접수된 날부터 2개월 이내에** 포상금을 지급해야 한다.

⛌ 중간생략등기형 명의신탁

```
┌──────────┐   매매(유효)   ┌──────────┐
│ 매도인 丙 │◄──────────►│ 신탁자 甲 │
└──────────┘              └──────────┘
      │                        ▲
      │                        │ 약정(무효)
      │                        ▼
      │              ┌──────────┐         ┌──────────┐
      └─────────────►│ 수탁자 乙 │────────►│ 제3자 丁 │
                     └──────────┘         └──────────┘
                     등기(무효)              유효
                            횡령죄 ×
```

1. 甲과 乙 간의 약정은 무효
2. 乙의 등기 무효, 소유권은 丙에게 있다.
3. 丁은 선의·악의 불문하고 유효하게 소유권 취득
4. 甲 → 乙 : 명의신탁약정 해지(×), 부당이득 반환청구(×), 말소청구(×), 진정명의회복을 위한 이전등기 청구(×)
5. 甲 → 丙 : 매매계약 유효, 소유권이전등기 청구(○)
6. 丙 → 乙 : 말소청구(○), 진정명의회복 이전등기 청구(○)
7. 甲은 丙을 대위하여 乙의 등기 말소를 청구하고 丙에게 소유권 이전을 청구할 수 있다.
8. 乙이 자의로 甲에게 이전등기를 한 경우 유효

☐ 계약명의신탁

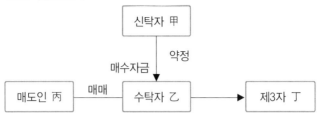

---

1. **매도인 丙이 선의인 경우**

   ① 甲과 乙 간의 약정은 무효

   ② 乙 명의 등기 유효, 소유권은 乙에게 있다.

   ③ 丁은 선의·악의 불문하고 유효하게 소유권 취득

   ④ 甲은 乙에 대하여 부당이득을 원인으로 **부동산의 소유권**이전 등기를 청구할 수 없다.

   ⑤ 甲은 乙에게 제공한 부동산의 **매수자금** 상당액을 부당이득 으로 반환청구할 수 있다.

---

2. **매도인 丙이 악의인 경우**

   ① 甲과 乙 간의 약정은 무효

   ② 乙 명의 등기 무효, 소유권은 丙에게 있다.

   ③ 丁은 선의·악의 불문하고 유효하게 소유권 취득

☑ 장사 등에 관한 법률 – 신고, 허가

개인묘지	가족묘지	종중 · 문중묘지	법인묘지
30일 이내 신고	허가	허가	허가
30일 이내 신고	미리 신고	미리 신고	허가
개인자연장지	가족자연장지	종중 · 문중자연장지	법인자연장지

☑ 사설묘지의 면적, 분묘의 형태 및 높이

개인묘지	가족묘지	종중 · 문중묘지	법인묘지
30m² 이하	100m² 이하	1,000m² 이하	10만m² 이상
×	단분 10m² 이하, 합장 15m² 이하		

분묘의 형태는 봉분, 평분 또는 평장으로 하되,
봉분의 높이는 1m, 평분의 높이는 50cm 이하

◰ 장사 등에 관한 법률

1. **매장**: 매장 후 **30일 이내**에 **신고**, **화장**: **미리 신고**

2. 시장 등은 「**민법**」에 **의하여 설립된 재단법인**에 한하여 법인묘 지의 설치·관리를 허가 할 수 있다.

3. 분묘의 설치기간은 **30년**으로 한다.

4. 설치기간이 지난 분묘의 연고자가 설치기간의 연장을 신청하 는 경우에는 1회에 **한하여** 그 설치기간을 **30년으로 하여 연장 하여야** 한다.

5. 설치기간이 끝난 분묘의 연고자는 설치기간이 끝난 날부터 1년 이내에 시설물을 철거하고 화장하거나 봉안해야 한다.

6. 토지 소유자 등은 승낙 없이 설치한 분묘에 대하여 시장 등의 **허가**를 받아 개장할 수 있다.

7. 개장을 하려면 미리 **3개월 이상**의 기간을 정하여 그 뜻을 해 당 분묘의 설치자 또는 연고자에게 알려야 한다.

8. 「**장사법**」 시행 전 이미 취득한 분묘기지권의 효력은 현재도 그대로 유지된다.

9. 「**장사법**」 시행 전에 타인의 토지에 승낙 없이 설치된 분묘는 현재 분묘기지권을 **시효로 취득**할 수 있다.

10. 「**장사법**」 시행 후 승낙 없이 설치된 분묘는 분묘기지권을 시 **효로 취득할 수 없다.**

🗂 주택임대차보호법 - 대항력과 우선변제권

임차인	주민등록	확정일자	대항력	우선변제권
甲	7월 5일	7월 5일	7월 6일 0시	7월 6일 0시
乙	7월 5일	6월 5일	7월 6일 0시	7월 6일 0시
丙	7월 5일	8월 5일	7월 6일 0시	8월 5일

• 인도와 주민등록을 마친 당일 확정일자를 갖춘 경우 및 주민등록 이전에 확정일자를 갖춘 경우 모두 **우선변제권의 발생 시기는** 주택의 인도와 **주민등록을 마친 다음날**이 된다.

• 확정일자 부여기관: 읍·면사무소, 동 주민센터, 시·군·구 출장소, **지방법원 및 지방법원의 지원, 등기소, 공증인**

🗂 주택임대차보호법 - 임대차 정보제공 요청

▶ 확정일자 부여기관에 다음 사항의 열람 또는 서면의 교부를 요청할 수 있다.

1. 임대인과 임차인의 인적 사항
2. 임대차 목적물
3. 확정일자 부여일
4. 차임·보증금
5. 임대차기간

• 임대인 및 임차인: 1.~5.
• 임대인의 직접거주 사유로 계약의 갱신이 거절된 임차인이었던 자 : 1.~5.(인적 사항은 성명, 법인명, 단체명에 한정함)
• 임대차계약을 체결하려는 자[임대인의 동의 필요]: 2.~5.

🔖 주택임대차보호법 – 계약갱신요구권

1. 임차인은 6개월 전부터 2개월 전까지 갱신요구 할 수 있다.

2. **임대인의 갱신요구 거절 사유**

   ① 2기 차임 연체(**주택**) / 3기 차임 연체(**상가**)

   ② 거짓 부정한 방법으로 임차

   ③ **서로 합의**하여 임대인이 상당한 보상을 제공

   ④ 전부 또는 일부 임대인 **동의 없이 전대**
      전부 또는 일부 고의 또는 **중대한 과실**로 파손
      전부 또는 일부 멸실로 임대차 목적달성 ×

   ⑤ 전부 또는 대부분 철거 또는 재건축

   ⑥ 임대인(직계존속·직계비속 포함) 또는 주택의 양수인이
      목적 주택에 실제 거주하려는 경우

- 임차인은 계약갱신요구권을 **1회에 한하여** 행사할 수 있다.
- 갱신되는 임대차의 존속기간은 2년으로 본다.
- 동일한 조건으로 **다시 계약**된 것으로 본다.
- 차임 또는 보증금을 증액할 수 있으며 20분의 1을 초과하지 못한다.
- 갱신요구에 의해 갱신된 경우 임차인은 언제든지 임대인에게 **계약의 해지**를 통지할 수 있다. 임대인이 통지받고 3개월 경과하면 해지의 효력이 발생한다.

🗋 상가건물 임대차보호법 – 환산보증금

서울 9억원 이하	부산 6억 9천만원 이하	세종시 5억 4천만원 이하

※ 환산보증금 초과 임대차 적용규정(표준계약서 3 권 대 요)

1. 대항력

2. 계약갱신요구권

   • 다만, 조세, 공과금, 주변 상가건물의 차임 및 보증금 등을 고려하여 차임과 보증금의 증감을 청구할 수 있다. 즉 100분의 5를 초과하여 증액을 청구할 수도 있다.

3. 권리금의 보호규정

4. 3기 연체시 계약해지

5. 법무부장관의 상가건물임대차 **표준계약서** 사용권장

※ 환산보증금 초과하는 임대차

1. 확정일자에 의한 **우선변제권** ×

2. **임차권등기명령** ×

3. 100분의 5 차임 **증액청구 제한** ×

4. 묵시적 갱신(법정 갱신) – 「민법」 적용. 기간의 정함이 없는 것으로 본다. 임대인 및 임차인 모두 계약의 해지를 통고할 수 있다. 임대인이 통고한 경우에는 6개월, 임차인이 통고한 경우에는 1개월 경과하면 해지의 효력이 생긴다.

5. 1년 미만으로 정한 경우 1년으로 본다. (×)

6. 임대인 및 임차인 모두 1년 미만의 유효함을 주장할 수 있다.

🗂 상가건물 임대차보호법 – 계약갱신요구권

1. 최초 기간을 **포함**하여 전체 **10년까지만** 행사

2. 전 임대차와 동일한 조건으로 다시 계약된 것으로 본다.

3. 다만, 임대인은 증액을 청구할 수 있는데

   - 환산보증금 이내 : 증액 100분의 5를 초과할 수 없다. (○)
   - 환산보증금 초과 : 조세, 공과금, 주변 상가 차임, 보증금 등을 고려하여 100분의 5를 초과하여 증액을 청구할 수 있다.

4. 전차인은 임대인의 계약갱신요구권 행사기간 내에서 **임차인을 대위하여** 갱신요구를 할 수 있다.

- 갱신요구권 행사로 갱신된 경우 임차인은 언제든지 임대인에게 계약의 해지를 통지할 수 있다. (×)

🗂 상가건물 임대차보호법 – 권리금 회수기회 보호

1. 기간이 끝나기 6개월 전부터 종료시까지 임대인은 임차인이 주선한 신규 임차인에게 다음의 행위를 함으로써 권리금 계약을 방해해서는 안 된다.

   ① 권리금 요구하거나 수수하는 행위
   ② 임차인에게 권리금을 지급하지 못하게 하는 행위
   ③ 현저히 고액의 차임과 보증금을 요구하는 행위
   ④ 정당한 사유 없이 임대차계약 체결을 거절하는 행위

2. 권리금 지급 방해로 임차인이 손해배상을 청구하는 경우

   - 신규임차인이 임차인에게 지급하기로 한 권리금과 임대차 종료 당시의 권리금 중 **낮은** 금액을 넘지 못한다.
   - 손해배상 청구 : 임대차 **종료한 날부터 3년** 이내 행사

⬚ 상가건물 임대차보호법 – 권리금 회수제한

1. **계약갱신요구의 거절사유**가 있는 경우에는 임대인은 임차인이 신규임차인이 되려는 자로부터 권리금을 지급받지 못하게 할 수 있다.

   • 3기 연체, 동의 없이 전부 또는 일부 전대 등

2. 임대인이 임차인이 주선한 신규임차인과 임대차계약의 체결을 거절할 수 있는 사유

   • 신규임차인이 보증금·차임을 지급할 자력이 없는 경우

   • 신규임차인이 임차인으로서의 의무를 위반할 우려가 있는 경우

   • 임대인이 임대차 종료 후 해당 건물을 **1년 6개월 이상** 영리목적으로 사용하지 아니한 경우

   • 임대인이 선택한 신규임차인이 임차인과 권리금 계약을 체결하고 그 권리금을 지급한 경우

⬚ 상가건물 임대차보호법 – 표준계약서 등

1. **국토교통부장관**은 법무부장관과 협의를 거쳐 표준권리금계약서를 정하여 그 사용을 권장할 수 있다.

2. **국토교통부장관**은 **권리금**에 대한 감정평가의 절차와 방법 등에 관한 기준을 고시할 수 있다.

3. **법무부장관**은 국토교통부장관과 협의를 거쳐 보증금, 차임액, 임대차기간, 수선비 분담 등의 내용이 기재된 **상가건물임대차 표준계약서**를 정하여 그 사용을 권장할 수 있다.

1. 미등기 건물에 대하여도 강제경매를 신청할 수 있다.

2. 경매신청이 취하되면 압류의 효력은 소멸된다.

3. 배당요구 종기는 **첫 매각기일 이전**으로 정한다.

   • 매각결정기일까지 배당요구를 할 수 있다. (×)

4. 매각방법 : 호가경매, 기일입찰, 기간입찰 가운데 집행법원이 정한 매각방법에 따른다.

5. 매수신청인은 **최저매각가격의 10분의 1**에 해당하는 매수신청의 보증을 집행관에게 제공해야 한다.

   • 매수신청가격의 10분의 1(×)

6. 새매각 : 허가할 매수가격의 신고가 없이 매각기일이 최종적으로 마감된 때에는 법원은 최저매각가격을 상당히 낮추고 **새 매각기일**을 정해야 한다.

7. 최고가매수신고인 : 최고가매수신고를 한 자가 둘 이상 ⇨ 그들만 다시 입찰(전의 입찰가에 못 미치는 가격으로 입찰 ×) ⇨ 입찰자 모두가 입찰에 응하지 않거나 둘 이상이 다시 최고의 가격으로 입찰한 때에는 추첨

8. **차순위매수신고는 최고가매수신고액에서 그 보증액을 뺀 금액을 넘는 때에만 할 수 있다. 같은 가격 차순위 둘 이상 추첨**

   • 최저매각가격 1억원, 최고가매수신고 2억원인 경우, 차순위는 1억 9천만원 넘어야 한다.

9. 최고가매수신고인과 차순위매수신고인을 제외한 다른 매수신고인은 **매각기일이 종결된 때** 즉시 매수신청의 보증을 돌려줄 것을 신청할 수 있다.

   • 매수인이 매각대금을 모두 지급한 때(×)

10. 공유자는 **매각기일까지** 보증을 제공하고 최고매수신고가격과 같은 가격으로 채무자의 지분을 우선매수청구할 자격이 있다.

11. 매각결정기일은 매각기일부터 1주 이내로 정해야 한다.

12. 차순위매수신고인에 대한 매각허가결정이 있는 때에는 매수인은 매수신청의 보증을 돌려 줄 것을 요구하지 못한다.

13. 매각을 허가하지 아니하고 다시 매각을 명하는 때에는 법원은 직권으로 새 **매각기일**을 정해야 한다.

14. 경매 : 토지거래허가(×) **농지취득자격증명**(○)
　　　　부동산거래신고(×)

15. 매수신청인은 매수신고를 하는 때에 농지취득자격증명을 제출해야 한다. (×)
　• 최고가매수신고인으로 결정된 후 매각결정기일까지 제출해야 매각이 허가된다.

16. 항고보증금 공탁 : 매각허가결정에 대하여 항고를 하려는 자는 보증으로 **매각대금의 10분의 1**에 해당하는 금전 또는 유가증권을 공탁해야 한다.

17. 매수인은 **대금지급기한까지** 매각대금을 지급해야 한다.
　• 대금지급기일에(×)
　• 매수인은 매각대금을 모두 지급한 때 소유권 취득

18. 차순위매수신고인은 **매수인이 매각대금을 모두 납부한 때** 즉시 매수신청보증을 돌려줄 것을 요구할 수 있다.
　• 매각기일이 종결된 때(×)

19. 재매각에서 **종전 매수인은 매수신청을 할 수 없고**, 매수신청보증을 돌려줄 것을 요구하지 못한다.

◻ 경매 매수신청대리

| 공인중개사 / 법인 | 등록관청 등록 → | 개 공 | 지방법원장 등록 → | 매수신청대리인 |

◻ 매수신청대리 등록기준

1. 공인중개사인 개업공인중개사 또는 법인인 개업공인중개사일 것
2. 부동산 경매에 관한 실무교육을 받을 것
3. 보증보험 또는 공제에 가입하거나 공탁할 것

• 중개사무소 개설등록을 하지 않고 대리인으로 등록할 수 있다. (×)
• 소속공인중개사는 매수신청대리인으로 등록할 수 있다. (×)
• 폐업을 이유로 매수신청대리 등록이 취소되고 3년이 지나지 않은 자는 매수신청대리인으로 등록할 수 없다. (×)

◻ 비 교

중개사무소 개설등록	매수신청대리 등록

1. 실무교육
  ① 실시권자: 시·도지사
  ② 사원 또는 임원 전원
2. 보증설정
  ① 등록 후 업무개시 전
  ② 등록기준 ×
	1. 실무교육
	  ① 실시권자: 법원행정처장
	  ② 법인의 경우 대표자
	2. 보증설정
	  ① 매수신청대리 등록신청 전
	  ② 등록기준 ○

• 매수신청대리인이 되고자 하는 개업공인중개사는 보증보험 또는 협회의 공제에 가입하거나 공탁을 해야 한다.
• 대리인으로 등록한 개업공인중개사는 업무개시 전에 보증을 설정해야 한다. (×)

🏳 매수신청대리 휴업 및 폐업

1. 매수신청대리인은 3개월을 초과하는 매수신청대리업을 휴업, 폐업, 휴업한 매수신청대리업의 재개 또는 휴업기간을 변경하고자 하는 때에는 **감독법원**에 그 사실을 **미리 신고**해야 한다.
2. 휴업은 **6개월**을 초과할 수 없다.

🏳 입목 · 광업재단 · 공장재단 맨 처음과 맨 끝에 있다.

1. 중개대상물(○)
2. 부동산거래신고(×)
3. 매수신청대리 대상물(○)

🏳 매수신청대리의 위임을 받아 할 수 있는 업무

1. 매수신청 보증의 제공
2. 입찰표의 작성 및 제출
3. 차순위매수신고
4. 매수신청의 보증을 돌려줄 것을 신청하는 행위
5. 공유자의 우선매수신고
6. 구 「임대주택법」에 따른 임차인의 임대주택 우선매수신고
7. 공유자 또는 임차인의 우선매수신고에 따라 차순위매수신고인으로 보게 되는 경우 그 차순위의 지위를 포기하는 행위

• 매각허가결정에 대한 **즉시항고**(×) • 인도명령 및 명도소송(×)

⌐ 대리행위의 방식

1. 대리행위를 하는 경우 대리권을 증명하는 문서(본인의 인감증명서가 첨부된 위임장과 대리인등록증 사본)을 제출해야 한다.

2. 같은 날 같은 장소에서 위 7가지 대리행위를 동시에 하는 경우에는 하나의 서면으로 갈음할 수 있다.

3. 법인인 개업공인중개사가 대리행위를 하는 경우에는 대리권을 증명하는 문서 이외에 대표자의 자격을 증명하는 문서를 제출해야 한다.

4. 개업공인중개사는 대리행위를 함에 있어서 매각장소 또는 집행법원에 직접 출석해야 한다.

⌐ 매수신청대리 사건카드, 확인 · 설명서, 보수 영수증

1. **사건카드** : 서명날인, 5년 보존

2. **위임계약 체결시 확인 · 설명서 작성** : 서명날인 후 위임인에게 교부하고 그 사본을 사건카드에 철하여 5년 보존

3. 예규에서 정한 양식에 의한 영수증 작성 서명날인 교부

· 확인 · 설명 : 권리관계, 경제적 가치(경아), 매수인이 부담해야 할 사항을 위임인에게 성실 · 정확하게 설명하고 등기사항증명서 등 설명의 근거자료를 제시해야 한다.

· 사건카드, 확인 · 설명서, 영수증의 서명날인에는 중개행위를 위해 등록관청에 등록한 인장을 사용해야 한다.

🔲 매수신청대리 보수

1. 보수표와 보수는 위임인에게 **위임계약 전에** 설명해야 한다.

2. 보수의 지급시기는 매수신청인과 매수신청대리인의 약정에 따르며, **약정이 없을 때에는 매각대금의 지급기한일**로 한다.

🔲 신고의무

※ 개업공인중개사는 다음의 어느 하나에 해당하는 경우에는 **10일 이내에 지방법원장에게** 신고해야 한다.

1. 중개사무소를 이전한 경우, 분사무소를 설치한 경우, 중개업을 휴업 또는 폐업한 경우

2. 자격취소·자격정지, 중개사무소 개설등록취소·업무정지 처분을 받은 경우

🔲 매수신청대리 보증

1. **매수신청대리인이 되고자 하는 개업공인중개사**는 위에 따른 손해배상책임을 보장하기 위하여 보증보험 또는 협회의 공제에 가입하거나 공탁을 해야 한다.

2. 공탁금은 매수신청대리인이 된 개업공인중개사가 폐업, 사망 또는 해산한 날부터 **3년** 이내에는 이를 회수할 수 없다.

3. 법인인 개업공인중개사: **4억원 이상**, 분사무소마다 **2억원 이상** 추가, 공인중개사인 개업공인중개사 **2억원 이상**

4. 협회는 매수신청대리 공제사업을 하고자 하는 때에는 공제규정을 제정하여 **법원행정처장**의 승인을 얻어야 한다.

🖵 지도 · 감독

1. **법원행정처장**은 매수신청대리업무에 관하여 **협회**를 감독한다.

2. **지방법원장**은 매수신청대리업무에 관하여 관할 안에 있는 협회의 시·도 **지부**와 매수신청대리인 등록을 한 **개업공인중개사**를 감독한다.

3. **지방법원장**은 매수신청대리업무에 대한 감독의 사무를 **지원장**과 협회의 시·도 **지부**에 위탁할 수 있다.

4. 감독의 사무를 행하는 협회의 시·도 지부는 중개사무소 출입·조사 또는 검사를 할 수 있다.

• 암기코드 : ㅎㅎ, 지지개, 위탁은 지지지, 지부장님 웬일이세요.

🖵 매수신청대리 절대적 등록취소

1. 중개사무소 개설등록의 결격사유에 해당하는 경우

2. 중개사무소 **폐업신고** / 매수신청대리업 **폐업신고**를 한 경우

3. 공인중개사 **자격이 취소**된 경우

4. 중개사무소 개설등록이 취소된 경우

5. 등록 **당시** 매수신청대리 등록요건을 갖추지 않았던 경우

6. 등록 **당시** 매수신청대리 결격사유가 있었던 경우

[암기법] 당시는 절등취야~ 후는 임등취야~

• 폐업을 원인으로 매수신청대리 등록이 취소된 경우는 결격사유 ✕

❏ 매수신청대리 임의적 등록취소

1. 등록 후 매수신청대리 등록요건을 갖추지 않게 된 경우
2. 등록 후 매수신청대리 결격사유가 된 경우
3. 최근 1년 이내에 이 규칙에 따라 2회 이상 업무정지처분을 받고 다시 업무정지처분에 해당하는 행위를 한 경우

• 업업 + 업(위반) : 중개업(절등취), 대리업(임등취)

❏ 매수신청대리 절대적 업무정지

① 「공인중개사법」에 따라 중개사무소를 **휴업**하였을 경우
② 매수신청대리업을 **휴업**하였을 경우
③ 「공인중개사법」에 따라 공인중개사 **자격을 정지**당한 경우
④ 「공인중개사법」에 따라 **업무의 정지**를 당한 경우

• 폐업, 자격취소, 등록취소 : 절등취
• 휴업, 자격정지, 업무정지 : 절대적 업무정지(절업)
• 업무정지기간은 **1개월 이상 2년 이하**로 한다.
• 매수신청대리인 등록을 한 개업공인중개사는 그 사무소의 명칭이나 간판에 법원행정처장이 인정하는 특별한 경우를 제외하고는 "법원"의 명칭이나 휘장 등을 표시해서는 아니 된다.
• 법원행정처장이 인정하는 특별한 경우에는 법원의 명칭이나 휘장을 표시할 수 있다.
• 개업공인중개사는 매수신청대리인 등록이 취소된 때에는 사무실 내·외부에 매수신청대리업무에 관한 **표시 등을 제거**해야 하며, 업무정지처분을 받은 때에는 업무정지사실을 해당 중개사무소의 **출입문에 표시**해야 한다.

제36회 공인중개사 시험대비 전면개정판

정지웅 중개사법
키워드 암기노트 **손편지**

초판인쇄	2025. 3. 25.	
초판발행	2025. 3. 30.	
편　　저	정지웅	
발 행 인	박 용	
발 행 처	(주)박문각출판	
등　　록	2015년 4월 29일 제2019-000137호	
주　　소	06654 서울시 서초구 효령로 283 서경 B/D	
팩　　스	(02)584-2927	
전　　화	교재 문의 (02)6466-7202, 동영상 문의 (02)6466-7201	

저자와의
협의하에
인지생략

정가 12,000원　　　　　　　　　　　ISBN 979-11-7262-674-7

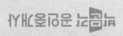